Mon corps et l'amour

Nihil obstat :
Abbé Jacob YODA, chancelier, 11 février 2021

Dépôt légal Burkina Faso : BNB n°21-127 du 11 mars 2021
Dépôt légal France : mai 2024
ISBN : 978-2-38086-047-4

Éditeur : APEX
48, Boulevard des Coquibus – 91000 Évry-Courcouronnes

© APEX, avril 2024. Tous les droits réservés.

Le Code de la propriété intellectuelle et artistique n'autorisant, aux termes des alinéas 2 et 3 de l'article L.122-5, d'une part, que les « copies ou reproductions strictement réservées à l'usage privé du copiste et non destinées à une utilisation collective » et, d'autre part, que les analyses et les courtes citations dans un but d'exemple et d'illustration, « toute représentation ou reproduction intégrale, ou partielle, faite sans le consentement de l'auteur ou de ses ayants droit ou ayants cause, est illicite » (alinéa 1er de l'article L. 122-4). Cette représentation ou reproduction, par quelque procédé que ce soit, constituerait donc une contrefaçon sanctionnée par les articles L. 335-2 et suivants du Code de la propriété intellectuelle.

L'auteur : Abbé Kizito NIKIEMA
Site web : https://parolesdevie.bf
Facebook / Tiktok / Instagram : parolesdeviebf
WhatsApp : (+226) 70 88 50 85

Abbé Kizito NIKIEMA

Mon corps et l'amour

La Bonne Nouvelle sur la Sexualité

Du même auteur :

La foi catholique face aux doctrines protestantes

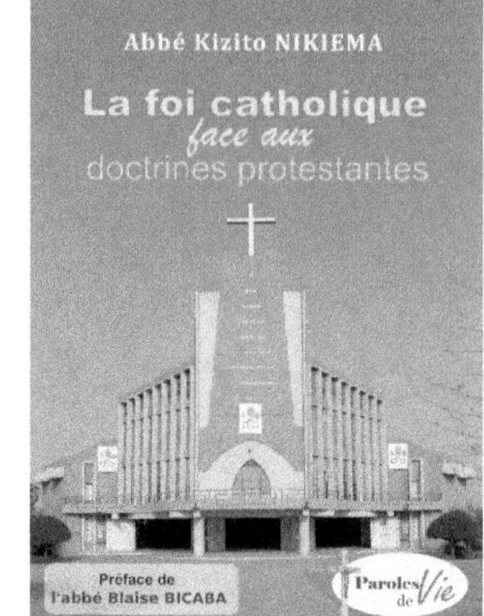

Disponible sur
Amazon.fr

Résumé :

Avez-vous déjà entendu dire que prier devant une croix ou une statue, c'est de l'idolâtrie ? Qu'il faut prier directement Jésus et non pas la Vierge Marie ? Qu'elle a eu d'autres enfants ? Qu'elle n'est pas Immaculée Conception ? Qu'il suffit de croire seulement en Jésus pour être sauvé ? Qu'il faut baptiser uniquement par immersion ? Qu'on n'a pas besoin de prêtres ? Qu'on peut demander pardon directement à Dieu quel que soit le péché ? Qu'on ne doit pas prier pour les défunts ? Que la dîme est obligatoire ? Que les catholiques ne suivent pas les enseignements de la Bible, mais s'attachent à des traditions humaines ? ... Si vous avez déjà entendu l'une de ces affirmations, c'est que ce livre a vraiment sa raison d'être.

L'auteur commence par présenter l'histoire du protestantisme, puis il donne une réponse claire à une cinquantaine de questions qui sont fréquemment posées, par thème, à la lumière de la Bible. Ce livre est une véritable catéchèse pour les catholiques, une source de réflexion pour les protestants, une contribution au dialogue œcuménique, en toute vérité.

Dédicace

À la Très Sainte Vierge Marie,
l'Immaculée Conception,
la Mère très pure de Notre Seigneur Jésus,

à saint Joseph
son très chaste époux,

à saint Kizito et ses compagnons martyrs d'Ouganda,
tués pour le témoignage de leur foi et
pour avoir refusé les avances homosexuelles de leur roi,

à saint Antoine-Marie Claret :
ce livre est en quelque sorte un écho de son cri[1].

---

1. Cf. page 187.

Introduction

« Les joies et les espoirs, les tristesses et les angoisses des hommes de ce temps, des pauvres surtout et de tous ceux qui souffrent, sont aussi les joies et les espoirs, les tristesses et les angoisses des disciples du Christ, et il n'est rien de vraiment humain qui ne trouve écho dans leur cœur. La communauté des chrétiens se reconnaît donc réellement et intimement solidaire du genre humain et de son histoire »[2]. Cette conviction de l'Église catholique exprime autrement ce que saint Paul avait énoncé plus brièvement : « Réjouissez-vous avec qui est dans la joie, pleurez avec qui pleure » (Rm 12, 15).

Or, en matière sexuelle, tandis que les uns se réjouissent, d'autres sanglotent, généralement en secret. C'est donc qu'une certaine manière de vivre sa sexualité conduit au bonheur, alors qu'une autre mène inévitablement à une vallée de larmes, à des souffrances occasionnées non nécessairement par la maladie ou par la misère, à des afflictions masquées par des apparences de bien-être que l'on ose à peine confier à quelqu'un d'autre. Cela doit nous préoccuper profondément, parce que tôt ou tard, nos proches et nous-mêmes jubilerons ou aurons le sentiment d'avoir gâché notre vie, selon que cet aspect de notre vie a été bien ou mal géré.

---

2. Concile Vatican II, *Constitution pastorale sur l'Église dans le monde de ce temps Gaudium et spes*, n°1.

Relations sexuelles entre copains et copines, adultère, concubinage, masturbation, pornographie, viol, inceste, pédophilie, prostitution, boîtes de nuit, homosexualité, habillement provoquant, divorce, polygamie, avortement, préservatifs, pilules, contraceptifs[3], SIDA et autres Maladies Sexuellement Transmissibles, etc. Ce sont là autant de phénomènes que nous côtoyons tous les jours et devant lesquels nous devons nous positionner inévitablement.

Le monde actuel tente de nous déterminer à vivre d'une certaine façon. Mais est-ce la bonne ? Le but de ce livre est d'aider chacun à réfléchir sur ces questions et à prendre résolument des décisions pratiques sur sa façon de vivre sa sexualité.

Au-delà de son langage chrétien, il s'adresse à toutes les personnes de bonne volonté, chrétiennes ou non, en manque d'information sérieuse, désireuses de repères sûrs pour gérer leurs propres envies, les séductions et les sollicitations du monde, ainsi que certaines idéologies pressenties trompeuses, véhiculées par la radio, la télévision, Internet et les réseaux sociaux.

Ce livre s'adresse surtout aux chrétiens qui souhaitent connaître clairement l'enseignement de la Bible et de l'Église sur ces sujets, le pourquoi de cette doctrine, très souvent méconnue, mal expliquée ou tout simplement ridiculisée.

Ce livre comprend quatre chapitres :

1. La sexualité, un don de Dieu

2. Les offenses à la chasteté

---

3. Dans ce livre, nous ne pourrons pas approfondir le thème de la contraception et de l'avortement. Nous recommandons la lecture du livre de l'Abbé Jean Emmanuel KONVOLBO, *Ce qu'on ne vous a jamais dit sur la contraception*, entièrement disponible sur http://www.catholique.bf

3. Les offenses à la dignité du mariage et au célibat consacré

4. Des chemins pour vivre la chasteté.

Nous espérons que la lecture des pages qui suivront permettront au lecteur d'opérer la révolution sexuelle demandée par saint Paul : « Ne vous modelez pas sur le monde présent, mais que le renouvellement de votre jugement vous transforme et vous fasse discerner quelle est la volonté de Dieu, ce qui est bon, ce qui lui plaît, ce qui est parfait » (Rm 12, 2).

Chapitre 1. La sexualité, un don de Dieu

La notion de sexualité peut renvoyer automatiquement chez certains esprits à quelque chose de strictement privé, d'intime, ou encore à quelque chose de mauvais et de pervers. Tout cela peut se comprendre. Toutefois, aussi surprenant que cela puisse paraître, la sexualité est à considérer comme un don de Dieu !

1.1. La Bible parle d'amour et des amoureux

Au beau milieu de la Bible se trouve le livre du « Cantique des cantiques », ce qui signifie, le plus beau cantique parmi tous les cantiques, le plus beau poème parmi tous les poèmes. Et ce Cantique des cantiques rapporte précisément les paroles de deux amoureux. En voici quelques extraits :

> Cantique des Cantiques, de Salomon.
> Qu'il me baise des baisers de sa bouche.
> Tes amours sont plus délicieuses que le vin ;
> l'arôme de tes parfums est exquis ;
> ton nom est une huile qui s'épanche,
> c'est pourquoi les jeunes filles t'aiment.
> Entraîne-moi sur tes pas, courons !

Le roi m'a introduite en ses appartements ;
tu seras notre joie et notre allégresse.
comme on a raison de t'aimer ! (Ct 1, 1-4)

– Que tu es belle, ma bien-aimée,
que tu es belle !
Tes yeux sont des colombes.
– Que tu es beau, mon bien-aimé,
combien délicieux !
Notre lit n'est que verdure. (Ct 1, 15-16)

Que tu es belle, ma bien-aimée,
que tu es belle !
Tes yeux sont des colombes.
Derrière ton voile,
tes cheveux comme un troupeau de chèvres,
ondulant sur les pentes du mont Galaad.
Tes lèvres, un fil d'écarlate,
et tes discours sont ravissants.
Tes joues, des moitiés de grenades,
derrière ton voile.
Ton cou, la tour de David,
bâtie par assises.
Mille rondaches y sont suspendues,
tous les boucliers des preux. (Ct 4, 1.3-4)

Mon bien-aimé est frais et vermeil.
Il se reconnaît entre dix mille.
Sa tête est d'or, et d'un or pur ;
ses boucles sont des palmes,
noires comme le corbeau.

> Ses yeux sont des colombes,
> au bord des cours d'eau
> se baignant dans le lait,
> posées au bord d'une vasque.
> Ses discours sont la suavité même,
> et tout en lui n'est que charme.
> Tel est mon bien-aimé,
> tel est mon époux,
> filles de Jérusalem. (Ct 5, 10-12.16)

L'intégralité du Cantique des cantiques se trouve dans vos bibles. La leçon à tirer est que le sentiment amoureux n'est pas étranger au langage de Dieu. Aimer et être aimé est inscrit dans le cœur de l'homme. Être amoureux, c'est quelque chose de naturel, de normal. Cela peut être une source d'épanouissement, mais peut conduire à de grandes déceptions. Et Dieu veut que nous soyons heureux. C'est pourquoi, il nous donne des garde-fous pour nous protéger des déceptions, des expériences amères de l'amour. Lorsqu'on n'en tient pas compte, on finit tôt ou tard par le regretter.

1.2. Les hommes parlent beaucoup d'amour

Il n'y a pas un sujet qui ait autant inspiré les artistes que celui de l'amour. Films, chansons, poèmes, peintures, etc. ont pour thème préféré l'amour, dépeint avec plus ou moins d'idéalisation, plus ou moins de passion, plus ou moins de réalisme. Ce sujet alimente beaucoup de discussions, suscite de la curiosité, tout en faisant rêver.

                                    Mon corps et l'amour

Nous proposons ici le slam de Grand Corps malade intitulé
« Le voyage en train »[4] qui parle des blessures de tant d'hommes
et de femmes de notre temps liées aux relations amoureuses.

J'crois que les histoires d'amour c'est comme les voyages en
train,
Et quand je vois tous ces voyageurs parfois j'aimerais en être un,
Pourquoi tu crois que tant de gens attendent sur le quai de la
gare,
Pourquoi tu crois qu'on flippe autant d'arriver en retard.

Les trains démarrent souvent au moment où l'on s'y attend le
moins,
Et l'histoire d'amour t'emporte sous l'œil impuissant des té-
moins,
Les témoins c'est tes potes qui te disent au revoir sur le quai,
Ils regardent le train s'éloigner avec un sourire inquiet,
Toi aussi tu leur fais signe et tu imagines leurs commentaires,
Certains pensent que tu te plantes et que t'as pas les pieds sur
terre,
Chacun y va de son pronostic sur la durée du voyage,
Pour la plupart le train va dérailler dès le premier orage.

Le grand amour change forcément ton comportement,
Dès le premier jour faut bien choisir ton compartiment,
Siège couloir ou contre la vitre il faut trouver la bonne place,
Tu choisis quoi une love story de première ou d'seconde classe.

---

4. Vidéo disponible sur YouTube.

Dans les premiers kilomètres tu n'as d'yeux que pour son visage,
Tu calcules pas derrière la fenêtre le défilé des paysages,
Tu te sens vivant tu te sens léger tu ne vois pas passer l'heure,
T'es tellement bien que t'as presque envie d'embrasser le contrô-
leur.

Mais la magie ne dure qu'un temps et ton histoire bat de l'aile,
Toi tu te dis que tu n'y es pour rien et que c'est sa faute à elle,
Le ronronnement du train te saoule et chaque virage t'écœure,
Faut que tu te lèves, que tu marches, tu vas te dégourdir le cœur.

Et le train ralentit et c'est déjà la fin de ton histoire,
En plus t'es comme un con tes potes sont restés à l'autre gare,
Tu dis au revoir à celle que tu appelleras désormais ton ex,
Dans son agenda sur ton nom elle va passer un coup de tipex.

C'est vrai que les histoires d'amour c'est comme les voyages en
train,
Et quand je vois tous ces voyageurs parfois j'aimerais en être un,
Pourquoi tu crois que tant de gens attendent sur le quai de la
gare,
Pourquoi tu crois qu'on flippe autant d'arriver en retard.

Pour beaucoup la vie se résume à essayer de monter dans le
train,
À connaître ce qu'est l'amour et se découvrir plein d'entrain,
Pour beaucoup l'objectif est d'arriver à la bonne heure,
Pour réussir son voyage et avoir accès au bonheur.

Il est facile de prendre un train encore faut il prendre le bon,
Moi je suis monté dans deux trois rames mais c'était pas le bon
wagon,
Car les trains sont capricieux et certains sont inaccessibles,
Et je ne crois pas tout le temps qu'avec la SNCF[5] c'est possible.

Il y a ceux pour qui les trains sont toujours en grèves,
Et leurs histoires d'amour n'existent que dans leurs rêves,
Et y'a ceux qui foncent dans le premier train sans faire attention,
Mais forcément ils descendront déçus à la prochaine station,
Y'a celles qui flippent de s'engager parce qu'elles sont trop émo-
tives,
Pour elles c'est trop risqué de s'accrocher à la locomotive,
Et y'a les aventuriers qu'enchaînent voyages sur voyages,
Dès qu'une histoire est terminée ils attaquent une autre page.

Moi après mon seul vrai voyage j'ai souffert pendant des mois,
On s'est quitté d'un commun accord mais elle était plus d'accord
que moi,
Depuis je traîne sur les quais je regarde les trains au départ,
Y'a des portes qui s'ouvrent mais dans une gare je me sent à
part.

Il paraît que les voyages en train finissent mal en général,
Si pour toi c'est le cas, accroche-toi et garde le moral,
Car une chose est certaine y'aura toujours un terminus,
Maintenant tu es prévenu la prochaine fois tu prendras le bus.

____

5. SNCF: Société Nationale des Chemins de Fer (de France)

« Prendre le bus », en opposition à « prendre le train » signifie moins de précipitation, plus de prudence, plus de réflexion. Car si l'amour rend aveugle, force est de constater que c'est lorsqu'on est amoureux que l'on a le plus besoin de « voir clair ». Et pour voir clair, il faut interroger le Créateur. C'est Dieu qui nous a créés, et il sait mieux que nous ce qui est bon pour nous.

1.3. Tu m'as façonné un corps

« En entrant dans le monde, le Christ dit : Tu n'as voulu ni sacrifice ni oblation ; mais tu m'as façonné un corps. Tu n'as agréé ni holocaustes ni sacrifices pour les péchés. Alors j'ai dit : Voici, je viens, car c'est de moi qu'il est question dans le rouleau du livre, pour faire, ô Dieu, ta volonté » (He 10, 5-7 ; voir aussi Ps 40(39), 7-9).

Ce qui est dit du Christ est applicable à toute personne. L'existence humaine est impossible sans corps. On ne peut pas manger, sourire, penser, aimer, faire des enfants, lorsqu'on n'a pas de corps. Toutes ces activités et bien d'autres ne sont pas possibles lorsque le corps ne fonctionne pas correctement (par exemple lorsqu'on est dans le coma) ou lorsque le corps n'est plus vivant. L'impossibilité de séparer la personne humaine de son corps se caractérise par l'existence de deux expressions toutes lacunaires : « j'*ai* un corps » et « je *suis* mon corps »[6].

---

6. Ces deux aspects se retrouvent dans ce Psaume d'action de grâce au Créateur: « C'est toi qui m'as formé les reins, qui m'as tissé au ventre de ma mère ; je te rends grâce pour tant de prodiges : merveille que je suis, merveille que tes œuvres. Mon âme, tu la connaissais bien, mes os n'étaient point cachés de toi, quand je fus façonné dans le secret, brodé au profond de la terre. Mon embryon, tes yeux le voyaient ; sur ton livre, ils sont tous inscrits les jours qui ont été fixés, et chacun d'eux y figure. Mais pour moi, que tes pensées sont difficiles, ô Dieu, que la somme en est imposante ! » (Ps 139, 13-17)

En effet, j'*ai* deux mains, des pieds, des yeux, un ventre, etc., tout un ensemble d'organes qui composent mon corps. Je peux légitimement dire : « j'*ai* un corps ». Mais aussitôt, je me rends compte que le verbe « avoir » n'a pas le même poids lorsque je dis : « j'*ai* un corps » ou encore : « j'*ai* une mère », « j'*ai* une femme », « j'*ai* un enfant », « j'*ai* un employé », ou bien : « j'*ai* une voiture », « j'*ai* un crayon ». Toutes les autres personnes que « j'*ai* » sont extérieures à moi-même (e.g. mon mari, ma femme, mes enfants, etc.), à plus forte raison les objets que je possède. Par contre, « mon » corps est ce que « j'*ai* » de plus intime, qui n'est pas séparable de moi. Mon corps n'est pas un objet quelconque. Mon corps est moi-même.

Car, si ma peau est noire, alors je *suis* (de teint) noir. Si mon corps mesure 2 m, alors je *suis* de grande taille. Si mon corps a un sexe masculin, alors je *suis* un homme. Autrement, je *suis* une femme, n'en déplaise aux promoteurs de la théorie du genre[7]. Si quelqu'un frappe mon corps, c'est moi qu'il frappe. Si mon corps est malade, affamé, assoiffé, etc., alors je *suis* malade, affamé et assoiffé.

Toutefois, je me rends compte que je ne suis pas réduit à mon corps. J'ai aussi un esprit qui me permet de penser, de me souvenir des événements passés, d'avoir des émotions et des sentiments. J'ai aussi une âme, créée par Dieu, qui retournera vers lui à ma mort pour être jugée. Corps, âme et esprit sont intimement liés et inséparables. On accorde cependant plus d'importance au corps, parce que c'est par le corps que l'on entre en relation avec les autres. Ce que les autres perçoivent de nous, c'est par notre corps. Et c'est par notre corps que nous percevons les autres, que nous les voyons, les entendons, parlons avec eux, interagissons

____

7. Selon les tenants de cette théorie, il y a une distinction entre le sexe biologique avec lequel un individu naît (garçon ou fille) et le genre qui est l'identité sexuelle choisie par l'individu.

avec eux, etc. Le corps est davantage à l'honneur à cause de l'importance accordée de nos jours au plaisir, à la jouissance, surtout sexuelle.

Or, le corps, cette réalité complexe ne doit pas être l'objet d'un jeu, en faisant fi des autres dimensions de l'homme. L'homme est sacré, son corps aussi. C'est pourquoi le corps des défunts est entouré d'un grand respect. Les corps ressusciteront au dernier jour et chacun devra répondre de ses actes. Le corps nous a été donné pour faire la volonté de Dieu à l'instar du Christ qui dit : « tu m'as façonné un corps... Alors j'ai dit : Voici, je viens ... pour faire, ô Dieu, ta volonté » (He 10, 5-7).

La Bible nous invite à nous servir de notre corps pour sentir la souffrance des autres et multiplier nos actes de bienfaisance en leur faveur : « Souvenez-vous des prisonniers, comme si vous étiez emprisonnés avec eux, et de ceux qui sont maltraités, comme étant vous aussi dans un corps » (He 13, 3). Nous sommes aussi invités à nous préserver de toute souillure du corps, de l'âme et de l'esprit : « Gardez-vous de toute espèce de mal. Que le Dieu de la paix lui-même vous sanctifie totalement, et que votre être entier, l'esprit, l'âme et le corps, soit gardé sans reproche à l'Avènement de notre Seigneur Jésus Christ » (1 Th 5, 22-23).

Ce devoir de sanctification concerne aussi la dimension sexuelle du corps. Saint Paul dit à ce propos : « Les aliments sont pour le ventre et le ventre pour les aliments, et Dieu détruira ceux-ci comme celui-là. Mais le corps n'est pas pour la fornication ; il est pour le Seigneur, et le Seigneur pour le corps. Et Dieu, qui a ressuscité le Seigneur, nous ressuscitera, nous aussi, par sa puissance. Ne savez-vous pas que vos corps sont des membres du Christ ? Et j'irais prendre les membres du Christ pour en faire des membres de prostituée ! Jamais de la vie ! Ou bien ne savez-vous pas que votre corps est un temple du Saint-

Esprit, qui est en vous et que vous tenez de Dieu ? Et que vous ne vous appartenez pas ? Vous avez été bel et bien achetés ! Glorifiez donc Dieu dans votre corps » (1 Co 6, 13-15.19-20).

1.4. Faisons l'homme à notre image

La Bible s'ouvre avec le récit de la création de l'univers en sept jours. Il est important de noter que pour les autres éléments de la nature, Dieu parle et la chose existe. Exemple : « Dieu dit : "Que la lumière soit" et la lumière fut » (Gn 1, 3). Ou encore : « Dieu dit : "Que les eaux qui sont sous le ciel s'amassent en une seule masse et qu'apparaisse le continent" et il en fut ainsi » (Gn 1, 9).

Mais quand ce fut le tour de créer l'homme, l'approche est très différente. On lit en effet : « Dieu dit : "Faisons l'homme à notre image, comme notre ressemblance, et qu'ils dominent sur les poissons de la mer, les oiseaux du ciel, les bestiaux, toutes les bêtes sauvages et toutes les bestioles qui rampent sur la terre". Dieu créa l'homme à son image, à l'image de Dieu il le créa, homme et femme il les créa. Dieu les bénit et leur dit : "Soyez féconds, multipliez, emplissez la terre et soumettez-la ; dominez sur les poissons de la mer, les oiseaux du ciel et tous les animaux qui rampent sur la terre" » (Gn 1, 26-28).

Ce passage souligne plusieurs traits caractéristiques de l'homme :

- sa création a comme fait l'objet d'une concertation entre les Personnes de la Sainte Trinité : « Faisons l'homme ... » ;

- l'homme est créé « à l'image et à la ressemblance » de Dieu, à la différence des plantes, des animaux, des minéraux, etc. ;

- la vocation de l'homme est de dominer tous les animaux ;

- l'homme a été créé mâle et femelle ;

- l'homme et la femme reçoivent de Dieu la bénédiction, et sont appelés à être féconds.

Il s'ensuit que tout ce qui concerne l'homme et la femme doit tenir compte du plan de Dieu, de leur vocation terrestre et surnaturelle, car l'homme après sa mort retourne vers Dieu pour être jugé, chacun selon ses œuvres. En particulier, en matière de sexualité, aucune personne ne doit être considérée uniquement comme un objet de jouissance. Et le plaisir sexuel ne peut pas être recherché uniquement parce que l'on veut se faire plaisir, sans aucun regard vers le ciel et sans considération sur la grandeur de l'homme et de la femme.

1.5. Homme et femme il les créa

À la question de savoir si un homme peut renvoyer sa femme, Jésus renvoie ses interlocuteurs à la scène de la création : « N'avez-vous pas lu que le Créateur, dès l'origine, les fit homme et femme » (Mt 19, 4). Cela renforce l'idée selon laquelle tout ce qui concerne les relations homme – femme doit se dénouer suivant le plan de Dieu sur l'homme et la femme quand il les a créés.

On lit dans le livre de la Genèse : « Dieu créa l'homme à son image, à l'image de Dieu il le créa, homme et femme il les créa » (Gn 1, 27). Le texte ajoute que le créateur a admiré son œuvre jour après jour. Quand il s'agit du soleil, des animaux, etc., le texte dit : « et Dieu vit que cela était bon » (Gn 1, 10.21, etc.). Par contre, lorsqu'il s'agit de l'homme et la femme, le constat est différent : « Dieu vit tout ce qu'il avait fait : cela était très bon » (Gn 1, 31).

Tout ce que Dieu a créé est bon[8]. En particulier, l'homme et la femme ont été créés très bons. Par suite, les organes sexuels présents dans le corps de chaque homme et de chaque femme, ainsi que le plaisir qu'ils peuvent procurer sont très bons par nature. Ils ont été voulus par Dieu qui les a créés ainsi et en a fait cadeau à chaque personne. Cependant, tout don de Dieu est sacré, précieux, beau, mais fragile, et peut se retourner contre l'homme lui-même s'il n'est pas entretenu ou s'il n'est pas utilisé à bon escient.

1.6. Les deux deviendront une seule chair

Que signifie l'expression « une seule chair » ? On lit chez saint Paul : « Ne savez-vous pas que vos corps sont des membres du Christ ? Et j'irais prendre les membres du Christ pour en faire des membres de prostituée ! Jamais de la vie ! Ou bien ne savez-vous pas que celui qui s'unit à la prostituée n'est avec elle qu'un seul corps ? Car il est dit : Les deux ne seront qu'une seule chair » (1 Co 6, 15-16). Ainsi donc, « former une seule chair » comprend une connotation sexuelle.

Homme et femme étant créés, Jésus rappelle en termes clairs l'interdiction de divorcer : « N'avez-vous pas lu que le Créateur, dès l'origine, les fit homme et femme, et qu'il a dit : Ainsi donc, l'homme quittera son père et sa mère pour s'attacher à sa femme, et les deux ne feront qu'une seule chair ? Ainsi ils ne sont plus deux, mais une seule chair. Eh bien ! ce que Dieu a uni, l'homme ne doit point le séparer » (Mt 19, 4-6).

----

8. Le mal ne vient pas de Dieu, mais de la liberté qu'a l'homme de faire ou de ne pas faire la volonté de Dieu, de faire le bien ou ... le mal. Le mal et le péché sont entrés dans le monde par la désobéissance d'Adam et Ève.

Dans cette interpellation, on peut faire les constats suivants :

- l'homme quitte sa famille d'origine (son père et sa mère) pour fonder une nouvelle famille ;

- il est demandé à l'homme de s'attacher à sa femme (au singulier). Il ne s'agit aucunement de s'attacher à un autre homme (de sexe masculin) ni à plusieurs femmes (polygamie) ;

- il ne s'agit pas ici d'un concubinage, d'un lien purement humain, puisqu'il est dit que c'est Dieu qui les a unis : il s'agit d'une communion de vie dans le MARIAGE !

- le divorce n'est pas admis dans le mariage dont il est question ici : ni l'homme, ni sa femme, à plus forte raison d'autres personnes n'ont le droit de séparer l'union sacrée du mariage ;

- les deux forment désormais une seule chair.

Il est donc manifeste que selon la volonté de Dieu, « former une seule chair » est une faculté que Dieu destine exclusivement aux époux, pour leur propre bien, ainsi que pour couronner et renforcer leur amour. Ils peuvent aussi par cet acte, coopérer avec Dieu pour donner naissance à de nouveaux êtres humains, eux-aussi créés à l'image et à la ressemblance de Dieu. C'est pourquoi on parle alors de « procréation ».

« En conséquence, la sexualité, par laquelle l'homme et la femme se donnent l'un à l'autre par les actes propres et exclusifs des époux, n'est pas quelque chose de purement biologique, mais concerne la personne humaine dans ce qu'elle a de plus intime. Elle ne se réalise de façon véritablement humaine que si elle est partie intégrante de l'amour dans lequel l'homme et la femme s'engagent entièrement l'un vis-à-vis de l'autre jusqu'à la mort. La donation physique totale serait un mensonge si elle n'était pas le signe et le fruit d'une donation personnelle totale, dans laquelle toute la personne, jusqu'en sa dimension temporelle, est présente. Si on se réserve quoi que ce soit, ou la possibilité d'en décider autrement pour l'avenir, cela cesse déjà d'être un don total. [...] Le "lieu" unique, qui rend possible cette donation selon toute sa vérité, est le mariage, c'est-à-dire le pacte d'amour conjugal ou le choix conscient et libre par lequel l'homme et la femme accueillent l'intime communauté de vie et d'amour voulue par Dieu lui-même, et qui ne manifeste sa vraie signification qu'à cette lumière »[9].

1.7. La complémentarité de l'homme et de la femme

Le deuxième récit de la création détaille la création de la femme et son accueil par l'homme :

« Yahvé Dieu dit : "Il n'est pas bon que l'homme soit seul. Il faut que je lui fasse une aide qui lui soit assortie." Yahvé Dieu modela encore du sol toutes les bêtes sauvages et tous les oiseaux du ciel, et il les amena à l'homme pour voir comment celui-ci les appellerait : chacun devait porter le nom que l'homme lui aurait donné. L'homme donna des noms à tous les bestiaux, aux oiseaux du ciel et à toutes les bêtes sauvages, mais, pour un homme, il ne trouva pas l'aide qui lui fût assortie. Alors Yahvé Dieu fit tomber une torpeur sur l'homme, qui s'endormit. Il prit une de ses côtes et referma la chair à sa place. Puis, de la côte qu'il avait tirée de l'homme, Yahvé Dieu façonna une femme et l'amena à l'homme. Alors celui-ci s'écria : "Pour le coup, c'est l'os de mes os et la chair de ma chair ! Celle-ci sera appelée "femme", car elle fut tirée de l'homme, celle-ci !" C'est pourquoi

---

9. Jean-Paul II, *Exhortation apostolique Familiaris consortio sur les tâches de la famille chrétienne dans le monde d'aujourd'hui*, n°11.

l'homme quitte son père et sa mère et s'attache à sa femme, et ils deviennent une seule chair » (Gn 2, 18-24).

De ce texte, on peut faire les observations suivantes :

- le premier homme est dans une solitude que le Créateur cherche à combler : « Il n'est pas bon que l'homme soit seul ». L'homme est un être social. Il a besoin, pour être épanoui, de vivre avec d'autres personnes avec lesquels il peut communiquer et tisser des liens ;

- Adam a toujours le sentiment de solitude au milieu de tous ces animaux divers et variés : « il ne trouva pas l'aide qui lui fût assortie » ;

- l'homme n'a pas de vis-à-vis parmi les animaux. Il est appelé à les dominer. Il donne à chacun un nom. Il y a là une exclusion de la zoophilie ;

- Adam reconnaît instantanément en Ève un autre lui-même, une personne humaine, différente des animaux. Ils ont même « substance », ils sont de même nature : « Pour le coup, c'est l'os de mes os et la chair de ma chair ! »

- l'homme ne peut former « une seule chair » qu'avec la femme : ainsi donc, l'homosexualité et la bestialité ne sont pas dans le plan de Dieu. Il ne les veut pas dans sa Création ;

- « La femme n'est pas une "réplique" de l'homme; elle provient directement du geste créateur de Dieu. L'image de la "côte" n'exprime pas du tout l'infériorité ou la subordination, mais au contraire que l'homme et la femme sont de la même substance et sont complémentaires et qu'ils ont aussi cette réciprocité[10]. Et le fait que – toujours dans la parabole – Dieu modèle la femme pendant que l'homme dort, souligne précisément le fait qu'elle n'est en aucune façon créature de l'homme, mais bien de Dieu. Cela suggère aussi une autre chose : pour trouver la femme – et nous pouvons dire pour trouver l'amour dans la femme –, l'homme doit d'abord en rêver et ensuite la trouver »[11].

L'égalité en dignité ne signifie pas que l'homme et la femme sont identiques à tout point de vue. Il est plus indiqué de parler de complémentarité : « c'est un mot précieux, qui a de multiples significations. Il peut se référer à diverses situations où un élément complète l'autre et supplée sa carence. Toutefois, la complémentarité est beaucoup plus que cela. Les chrétiens en trouvent la signification dans la première lettre de saint Paul aux corinthiens, où l'apôtre dit que l'Esprit a donné à chacun des dons divers de façon à ce que, comme les membres du corps humain se complètent pour le bien de tout l'organisme, les dons de chacun peuvent contribuer au bien de tous (cf. 1 Co 12). Réfléchir sur la complémentarité n'est autre que méditer sur les harmonies dynamiques qui sont au centre de toute la création. Telle est la parole-clé : l'harmonie. Le Créateur a fait toutes les complémentarités afin que l'Esprit Saint, qui est l'auteur de l'harmonie, réalise cette harmonie »[12].

---

10. En effet, « de même que la femme a été tirée de l'homme, ainsi l'homme naît par la femme, et tout vient de Dieu » (1 Co 11, 12). Saint Paul l'affirmera plus tard : « car vous êtes tous fils de Dieu, par la foi, dans Christ Jésus. Vous tous en effet, baptisés dans le Christ, vous avez revêtu le Christ : il n'y a ni Juif ni Grec, il n'y a ni esclave ni homme libre, il n'y a ni homme ni femme ; car tous vous ne faites qu'un dans le Christ Jésus » (Ga 3, 26-28).

11. François, *Audience générale du 22 avril 2015.*

12. François, *Discours aux participants au colloque international sur la complémentarité homme-femme*, 17 novembre 2014.

« La beauté d'une femme réjouit le regard, c'est le plus grand de tous les désirs de l'homme. Si la bonté et la douceur sont sur ses lèvres, son mari est le plus heureux des hommes. Celui qui acquiert une femme a le principe de la fortune, une aide semblable à lui, une colonne d'appui » (Si 36, 22-24).

1.8. Complexité de la sexualité humaine

Contrairement à la pensée courante, la sexualité ne saurait se réduire à l'usage des organes sexuels. La sexualité désigne le mode d'exister, d'être et d'agir, en tant qu'homme ou en tant que femme. Toute personne humaine est sexuée, c'est-à-dire, est mâle ou femelle, et cela dès le premier instant de sa conception. Tout au long de sa vie, cette masculinité ou cette féminité structure son être profond et influence sa manière de se comporter, de penser, de sentir, d'agir, d'aimer, de procréer, de vivre avec les autres.

En outre, la sexualité humaine est plus complexe que celle des animaux. Ceux-ci s'accouplent uniquement en vue de la reproduction, souvent à certaines saisons uniquement, guidés par l'instinct et non par une décision libre et responsable de se livrer à un tel acte. Les animaux n'ont pas la notion d'amour, de fidélité, d'inceste, de pudeur. Leur accouplement se fait toujours de la même manière, sans relation au plaisir.

Par contre, chez l'homme, les relations sexuelles sont normalement le couronnement de l'amour des époux qui se donnent l'un à l'autre, et embrassent toute leur personnalité : leurs sentiments, ce qu'ils voient (beauté de l'autre, son habillement, sa coiffure, son maquillage, etc.), ce qu'ils entendent et ce qu'ils se disent (paroles romantiques, musique, etc.), ce qu'ils sentent (parfum), ce qu'ils touchent, etc.

L'expérience quotidienne montre que hommes et femmes sont blessés dans leur être profond lorsque le sexe est accompli sans amour, ou avec violence, lorsque seul le plaisir est recherché, sans engagement des personnes, surtout lorsque l'un des partenaires se croyait aimé alors que ce n'était pas le cas. Ces blessures affectent inévitablement leur future vie sentimentale et sexuelle.

En plus de l'union intime des époux, la sexualité humaine est aussi et surtout ordonnée à la procréation. C'est par là que l'homme et la femme répondent à leur vocation de perpétuer l'espèce humaine : « Dieu les bénit et leur dit : Soyez féconds, multipliez, emplissez la terre et soumettez-la » (Gn 1, 28). C'est pourquoi l'institution du mariage est le cadre idéal pour l'accueil et l'éducation des enfants et exige des époux qu'ils s'aiment, qu'ils soient fidèles l'un à l'autre, qu'ils s'entraident au quotidien en ayant conscience de leur rôle et de leur mission. Les enfants, même lorsqu'ils sont adultes, sont toujours désemparés par les tensions conjugales de leurs parents, et vivent mal leur divorce.

1.9. La maîtrise de soi : la vertu de chasteté ou de pureté

L'homme n'est pas un robot. Dieu a créé l'homme et la femme libres, c'est-à-dire, qu'ils sont capables d'utiliser leur raison, de prendre des décisions de faire ceci ou refuser de le faire, en toute responsabilité, même s'ils en avaient le désir. L'homme est vraiment libre lorsqu'il écoute et respecte les commandements de Dieu. Autrement, il est dominé par le péché, « car on est esclave de ce qui vous domine » (2 P 2, 19).

Toute personne se découvre sexué, homme ou femme, avec une affectivité (des sentiments), des pulsions, des passions, et vit dans un environnement qui le pousse plus ou moins à avoir des pensées ou des activités sexuelles (affiches, télévision, films, sollicitations des autres, etc.). Lorsqu'un homme ou une femme parvient à la maîtrise de soi, à gérer ses pulsions et à se conformer au plan de Dieu, il est heureux et il obtient la paix. Par contre, lorsqu'un homme ou une femme se laisse aller à la satisfaction de ses pulsions, il perd rapidement le contrôle de soi, devient esclave de ses désirs et finalement malheureux.

Ce que l'on appelle chasteté ou encore pureté, c'est l'intégration réussie de la sexualité dans la personne humaine dans toute sa totalité. Il ne s'agit pas d'un refoulement des désirs sexuels, mais leur acceptation et leur maîtrise. La personne chaste maintient l'intégrité des forces de vie et d'amour déposées en elle par Dieu. Cette intégrité assure l'unité de la personne, elle s'oppose à tout comportement qui la blesserait. Elle ne tolère ni la double vie, ni le double langage. La chasteté comporte un apprentissage de la maîtrise de soi. L'homme parvient à cette dignité lorsque, se délivrant de toute servitude des passions, par le choix libre du bien, il marche vers sa destinée et prend soin de s'en procurer réellement les moyens par son ingéniosité[13].

La chasteté ne signifie pas nécessairement abstinence, car les personnes mariées sont aussi appelées à vivre la chasteté. La chasteté inclut l'absence de relations sexuelles en dehors de tout lien matrimonial, en particulier, pour les chrétiens, en dehors du mariage monogamique et indissoluble scellé devant Dieu. La vertu de chasteté concerne tout le monde, chacun dans sa condition propre : célibataire, veuf ou veuve, marié(e), personne consacrée. Le contraire de la chasteté est le péché de luxure, c'est-à-dire une recherche « désordonnée » du plaisir sexuel.

Comme toute vertu (courage, sincérité, sobriété, humilité, etc.), la chasteté n'est pas acquise une fois pour toutes. Elle est le fruit d'un apprentissage à travers un effort personnel continuel

____

13. Cf. *Catéchisme de l'Église Catholique*, n°2337-2339.

ainsi qu'une saine et juste information sur la sexualité. Pour vivre dans la chasteté, il est nécessaire d'avoir d'autres vertus comme la pudeur, l'humilité et la prudence qui inspirent de ne pas présumer de ses forces et ne pas s'exposer inutilement dans la tentation. La pureté est un don de Dieu qui ne la refuse pas à ceux qui la lui demandent sincèrement dans la prière, lui qui déclare « heureux les cœurs purs, car ils verront Dieu » (Mt 5, 8).

1.10. Le péché de luxure ou d'impureté

La nourriture et la boisson sont bons pour le corps et si l'on ne mange pas, on finit par mourir. Mais lorsqu'elles sont consommées de façon « désordonnée », on tombe dans le péché de gourmandise : attachement aux plats spéciaux, amour de la nourriture, manger en excès, etc. On voit ce que l'excès dans l'alcool fait comme dégâts immédiats.

Selon le *Catéchisme de l'Église Catholique*, « la luxure est un désir désordonné ou une jouissance déréglée du plaisir vénérien. Le plaisir sexuel est moralement désordonné, quand il est recherché pour lui-même, isolé des finalités de procréation et d'union »[14]. La luxure est encore appelée impureté.

Il est à rappeler que la sexualité, y compris le plaisir sexuel, a été créée par Dieu. Elle est donc louable, bénie de Dieu[15]. Mais lorsque la sexualité est utilisée de façon « désordonnée », c'est-à-dire sans respecter la destination du plaisir sexuel telle que décrite par Dieu, sans considération de la nature même de la sexualité et des blessures qu'elle peut occasionner, elle devient un péché appelé « luxure ». Il s'agit précisément des cas où le plaisir sexuel est recherché en dehors du mariage monogamique et indissoluble voulu par Dieu, qui vise l'union et l'épanouisse-

---

14. *Catéchisme de l'Église Catholique*, n°2351.

15. Voir page 21.

ment des époux ainsi que le don de la vie. Des exemples de luxure sont : la fornication, l'adultère, la masturbation, la pornographie, le viol, la prostitution, l'inceste, les rapports homosexuels.

La luxure est un péché, puisque « le péché est une faute contre la raison, la vérité, la conscience droite ; il est un manquement à l'amour véritable, envers Dieu et envers le prochain, à cause d'un attachement pervers à certains biens [tel le plaisir sexuel]. Il blesse la nature de l'homme et porte atteinte à la solidarité humaine. Il a été défini comme "une parole, un acte ou un désir contraire à la loi éternelle" [de Dieu]. Le péché crée un entraînement au péché ; il engendre le vice par la répétition des mêmes actes. Il en résulte des inclinations perverses qui obscurcissent la conscience et corrompent l'appréciation concrète du bien et du mal. Ainsi le péché tend-il à se reproduire et à se renforcer, mais il ne peut détruire le sens moral jusqu'en sa racine »[16].

La luxure en particulier réduit l'autre et son propre corps à un objet de plaisir, pervertit l'esprit : on en vient à ne plus pouvoir penser à autre chose. Elle laisse toujours ceux qui s'y adonnent dans l'insatisfaction et la tristesse, les poussant à répéter l'expérience, créant peu à peu la dépendance (addiction à la pornographie, à la masturbation, etc.). L'impureté détourne de la foi, entraîne de la difficulté à prier, à penser à Dieu, à la religion et à la vie éternelle.

La luxure fait partie des sept péchés capitaux que sont l'orgueil, l'avarice, la luxure, l'envie, la gourmandise, la colère et la paresse. « Capital » vient du mot latin *caput* qui signifie « tête ». Ces péchés sont dits capitaux parce qu'ils sont à la tête, à la source d'autres péchés, souvent plus graves. Par exemple, l'homme ou la femme adultère va se spécialiser à mentir à son

---

16. *Catéchisme de l'Église Catholique*, n°1849.1865.

conjoint pour cacher son inconduite. Et lorsqu'une grossesse intervient par la luxure, la tendance est de commettre le crime de l'avortement. Les exemples abondent dans la Bible. Nous donnons ici l'exemple de Joseph et de la femme de Potiphar, eunuque de Pharaon et commandant des gardes[17] :

« Potiphar abandonna entre les mains de Joseph tout ce qu'il avait et, avec lui, il ne se préoccupa plus de rien, sauf de la nourriture qu'il prenait. Joseph avait une belle prestance et un beau visage. Il arriva, après ces événements, que la femme de son maître jeta les yeux sur Joseph et dit : "Couche avec moi !" Mais il refusa et dit à la femme de son maître : "Avec moi, mon maître ne se préoccupe pas de ce qui se passe à la maison et il m'a confié tout ce qui lui appartient. Lui-même n'est pas plus puissant que moi dans cette maison : il ne m'a rien interdit que toi, parce que tu es sa femme. Comment pourrais-je accomplir un aussi grand mal et pécher contre Dieu ?"

Bien qu'elle parlât à Joseph chaque jour, il ne consentit pas à coucher à son côté, à se donner à elle. Or, un certain jour, Joseph vint à la maison pour faire son service et il n'y avait là, dans la maison, aucun des domestiques. La femme le saisit par son vêtement en disant : "Couche avec moi !" mais il abandonna le vêtement entre ses mains, prit la fuite et sortit. Voyant qu'il avait laissé le vêtement entre ses mains et qu'il s'était enfui dehors, elle appela ses domestiques et leur dit : "Voyez cela ! Il nous a amené un Hébreu pour badiner avec nous ! Il m'a approchée pour coucher avec moi, mais j'ai poussé un grand cri, et en entendant que j'élevais la voix et que j'appelais il a laissé son vêtement près de moi, il a pris la fuite et il est sorti." Elle déposa le vêtement à côté d'elle en attendant que le maître vînt à la maison.

---

17. Autres exemples bibliques : le cas de Suzanne et des vieillards (Dn 13 cité à la page 61); le péché de David (2 S 11-12).

Alors, elle lui dit les mêmes paroles : "L'esclave hébreu que tu nous as amené m'a approchée pour badiner avec moi et, quand j'ai élevé la voix et appelé, il a laissé son vêtement près de moi et il s'est enfui dehors." Lorsque le mari entendit ce que lui disait sa femme : "Voilà de quelle manière ton esclave a agi envers moi", sa colère s'enflamma. Le maître de Joseph le fit saisir et mettre en geôle, là où étaient détenus les prisonniers du roi. Ainsi, il demeura en geôle. Mais Yahvé assista Joseph, il étendit sur lui sa bonté et lui fit trouver grâce aux yeux du geôlier chef » (Gn 39, 6-21).

C'est encore la preuve que ceux qui sont fidèles à Dieu peuvent être victimes d'injustice et de persécution, mais Dieu ne les laisse jamais sans secours. « Je vous dis donc et vous adjure dans le Seigneur de ne plus vous conduire comme le font les païens, avec leur vain jugement et leurs pensées enténébrées : ils sont devenus étrangers à la vie de Dieu à cause de l'ignorance qu'a entraînée chez eux l'endurcissement du cœur, et, leur sens moral une fois émoussé, ils se sont livrés à la débauche au point de perpétrer avec frénésie toute sorte d'impureté. Mais vous, ce n'est pas ainsi que vous avez appris le Christ, si du moins vous l'avez reçu dans une prédication et un enseignement conformes à la vérité qui est en Jésus » (Ep 4, 17-21).

1.11. La chasteté dans le mariage

« Les actes qui réalisent l'union intime et chaste des époux sont des actes honnêtes et dignes. Vécus d'une manière vraiment humaine, ils signifient et favorisent le don réciproque par lequel les époux s'enrichissent tous les deux dans la joie et la reconnaissance. La sexualité est source de joie et de plaisir. Le Créateur lui-même a établi que dans cette fonction de génération, les époux éprouvent un plaisir et une satisfaction du corps et de l'esprit. Donc, les époux ne font rien de mal en recherchant ce plaisir et en en jouissant. Ils acceptent ce que le Créateur leur a destiné. Néanmoins, les époux doivent savoir se maintenir dans les limites d'une juste modération »[18].

Cette modération permet de ne pas réduire l'autre à un objet de plaisir. Elle permet de découvrir d'autres manières non sexuels d'exprimer sa tendresse, et entraîne une plus grande attention à l'autre et à ses aspirations. Selon le Pape François, « l'idéal du couple ne peut pas se définir seulement comme une donation généreuse et sacrifiée, où chacun renonce à tout besoin personnel et se préoccupe seulement de faire du bien à l'autre sans aucune satisfaction. Rappelons qu'un véritable amour sait aussi recevoir de l'autre, qu'il est capable de s'accepter comme vulnérable et ayant des besoins, qu'il ne renonce pas à accueillir avec sincérité et joyeuse gratitude les expressions corporelles de l'amour à travers la caresse, l'étreinte, le baiser et l'union sexuelle »[19].

La modération dans le couple permet également de voir sa femme ou son mari comme un don de Dieu, et il n'est pas interdit de prier avant l'acte conjugal à l'instar de Tobie et de sa femme Sarah : « ils se mirent à prier pour obtenir d'être protégés, et il commença ainsi : Tu es béni, Dieu de nos pères, et ton Nom est béni dans tous les siècles des siècles ! Que te bénissent les cieux, et toutes tes créatures dans tous les siècles ! C'est toi qui as créé Adam, c'est toi qui as créé Eve sa femme, pour être son secours et son appui, et la race humaine est née de ces deux-là. C'est toi qui as dit : Il ne faut pas que l'homme reste seul, faisons-lui une aide semblable à lui. Et maintenant, ce n'est pas le plaisir que je cherche en prenant ma sœur, mais je le fais d'un cœur sincère. Daigne avoir pitié d'elle et de moi et nous mener

---

18. *Catéchisme de l'Église Catholique*, n°2362.

19. François, *Exhortation apostolique post-synodale Amoris laetitia sur l'amour dans la famille*, n°157.

ensemble à la vieillesse ! Et ils dirent de concert : "Amen, amen !" Et ils se couchèrent pour la nuit » (Tb 8, 5-9).

« Il n'est pas superflu de rappeler, dit encore le Pape François, que même dans le mariage la sexualité peut devenir une source de souffrance et de manipulation. C'est pourquoi nous devons réaffirmer avec clarté que l'acte conjugal imposé au conjoint sans égard à ses conditions et à ses légitimes désirs n'est pas un véritable acte d'amour et contredit par conséquent une exigence du bon ordre moral dans les rapports entre époux. Les actes propres à l'union sexuelle des conjoints répondent à la nature de la sexualité voulue par Dieu s'ils sont vécus d'une manière vraiment humaine. C'est pourquoi saint Paul exhortait : "Que personne en cette matière ne supplante ou ne dupe son frère" (1 Th 4, 6). Même s'il écrivait à une époque où dominait une culture patriarcale, où la femme était considérée comme un être complètement subordonné à l'homme, il a cependant enseigné que la sexualité doit être objet de conversation entre les conjoints ; il a considéré la possibilité de reporter momentanément les relations sexuelles, mais "d'un commun accord" »[20].

On lit en effet dans la première lettre aux Corinthiens : « La femme ne dispose pas de son corps, mais le mari. Pareillement, le mari ne dispose pas de son corps, mais la femme. Ne vous refusez pas l'un à l'autre, si ce n'est d'un commun accord, pour un temps, afin de vaquer à la prière ; et de nouveau soyez ensemble, de peur que Satan ne profite, pour vous tenter, de votre incontinence » (1 Co 7, 4-5).

La chasteté dans le mariage se caractérise aussi par la fidélité des conjoints qui exclut le divorce et la polygamie, ainsi qu'une gestion responsable de la fécondité par le recours aux méthodes

---

20. François, *Exhortation apostolique post-synodale Amoris laetitia sur l'amour dans la famille*, n°154.

naturelles de régulation des naissances et un refus de toute contraception artificielle[21].

1.12. La chasteté des personnes non mariées

Les personnes non mariées (célibataires, fiancés, veufs et veuves) sont également concernées par la vertu de chasteté qui implique une maîtrise de soi, et qui se caractérise essentiellement par l'abstinence de rapports sexuels.

Lorsqu'une personne diabétique se prive d'une sucrerie, tout le monde trouve cela normal. Que l'on se prive de télévision pour préparer son baccalauréat, tout le monde trouve cela logique. Mais qu'une personne se prive de sexe pour un meilleur bien, l'opinion générale trouve cela anormal, suspect, dépassé, pitoyable, scandaleux. S'il n'y a pas de problème à ce qu'une personne malade se prive de tout ce qui pourrait aggraver sa maladie, même de choses bonnes *a priori*, consommées légitimement par les autres, à plus forte raison une personne réfléchie devrait se priver de tout ce qui pourrait nuire à sa santé affective – et même à sa santé physique –, le blesser profondément, nuire à son avenir. Il arrive souvent que ceux qui prétendent ouvertement que l'abstinence n'est pas possible passent plusieurs mois sans activité sexuelle, sans pourtant faire d'efforts particuliers. Mais ce n'est pas bien vu aujourd'hui de parler de chasteté, de virginité, de fidélité à Dieu.

Que l'on ne prétende pas que les tentations sont trop fortes, car, comme dit l'Écriture, « aucune tentation ne vous est survenue, qui passât la mesure humaine. Dieu est fidèle; il ne permettra pas que vous soyez tentés au-delà de vos forces; mais avec la

---

21. Nous recommandons la lecture du livre de l'Abbé Jean Emmanuel KONVOLBO, *Ce qu'on ne vous a jamais dit sur la contraception*, entièrement disponible sur http://www.catholique.bf

tentation, il vous donnera le moyen d'en sortir et la force de la supporter » (1 Co 10, 13). Le Seigneur n'a-t-il pas commandé de prier pour ne pas tomber dans la tentation ? (cf. Mt 26, 41)

Selon Jason Evert, « la chasteté, en particulier l'abstinence a mauvaise réputation parce qu'elle implique de mourir en nous-mêmes. Mais cette mort participe à un but. Selon les paroles du Christ, "si le grain de blé tombé en terre ne meurt pas, il demeure seul ; mais s'il meurt, il porte beaucoup de fruit" (Jn 12, 24). Le monde voit la mort dans la chasteté parce qu'il n'a pas la patience de voir la vie et l'amour surgir au bout du sacrifice. Ce n'est ni le refoulement ni la culpabilité qui motive l'homme ou la femme chaste, mais le désir de l'amour vrai. C'est pour cette raison que la vertu de la pureté est extrêmement attrayante. Délivrés de l'agressivité d'une sexualité égoïste, les purs se sont disposés à aimer, puisque nous avons été créés pour aimer.

Je voyage fréquemment dans mon pays pour donner des conférences sur la chasteté, et je me retrouve souvent dans des conversations au sujet de mon travail. Inévitablement, les gens me demandent si je pratique ce que je prêche. Après avoir expliqué que j'ai attendu le mariage avant d'avoir des relations sexuelles, on me regarde toujours d'un air ahuri. Vient ensuite la question universelle : "Alors ... vous n'aviez donc pas les désirs ?" J'ai réfléchi à toutes sortes de façons amusantes de répondre à cette question, mais ce qu'il faut retenir est que le monde ne peut pas imaginer qu'un jeune homme qui a des désirs sexuels ne les satisfait pas.

Travailler selon le plan d'amour de Dieu n'élimine pas les désirs sexuels, mais les commande. La personne chaste éprouve des attraits sexuels dans toute leur intensité mais place l'amour pour l'autre au-dessus de la tentation de la luxure »[22].

---

22. Jason Evert, "Isn't being chaste the same thing as being a prude ?" in *If You Really Loved Me: 100 Questions on Dating, Relationships, and Sexual*

Sans la décision ferme de vivre dans la chasteté en prenant les dispositions requises (prudence, prière, maîtrise de soi, etc.), il est difficile de vivre dans la pureté. Saint Jean Chrysostome le reconnaît : « Un beau visage, des mouvements voluptueux, une démarche étudiée, une voix mélodieuse, des yeux et des joues dont l'éclat naturel est encore relevé par des couleurs appliquées avec art, d'élégantes tresses de cheveux habilement teints, de riches vêtements, de l'or prodigué sous toutes les formes, des diamants étincelants, des parfums d'une odeur exquise, tant d'artifices que les femmes savent si bien mettre en œuvre, tout cela n'est que trop capable de troubler l'âme, à moins de s'être endurci par les laborieux exercices de la tempérance »[23].

Bien entendu, la pureté chez les personnes non mariées ne se limite pas à la continence (abstinence de rapports sexuels), mais à l'abstention de toute espèce de luxure : pornographie, masturbation, mauvaises pensées, etc.

« Vous savez bien quelles prescriptions nous vous avons données de par le Seigneur Jésus. Et voici quelle est la volonté de Dieu : c'est votre sanctification ; c'est que vous vous absteniez d'impudicité, que chacun de vous sache user du corps qui lui appartient avec sainteté et respect, sans se laisser emporter par la passion comme font les païens qui ne connaissent pas Dieu ; que personne en cette matière ne supplante ou ne dupe son frère. Le Seigneur tire vengeance de tout cela, nous vous l'avons déjà dit et attesté. Car Dieu ne nous a pas appelés à l'impureté mais à la sanctification. Dès lors, qui rejette cela, ce n'est pas un homme qu'il rejette, c'est Dieu, lui qui vous a fait le don de son Esprit Saint » (1 Th 4, 2-8).

Purity, Servant Books, 2009. La traduction est la nôtre.

23. Saint Jean Chrysostome, *Traité du sacerdoce*, livre V, n°501.

1.13. La chasteté des fiancés

Les fiancés ne sont pas des personnes mariées. Et l'engagement réciproque à se marier n'est pas un mariage. La chasteté des fiancés doit se caractériser par l'abstinence. L'engagement à la chasteté peut être mis à rude épreuve, car la proximité, les projets communs, la décision de se marier peut faire baisser la prudence, faire penser que ce n'est pas grave de vivre comme des époux puisque ce n'est qu'une question de temps.

Tout d'abord, ce n'est pas logique d'offenser Dieu par des actes de luxure qu'il répugne tout en lui demandant la grâce du mariage et bien d'autres choses, « car le Seigneur a les yeux sur les justes et tend l'oreille à leur prière, mais le Seigneur tourne sa face contre ceux qui font le mal » (1 P 3, 12).

Ensuite, vouloir se marier ne signifie pas encore être déjà marié. Combien de projets de mariage n'ont finalement pas abouti ? Il n'est pas nécessaire de rappeler que le mariage dont il s'agit ici c'est le mariage béni par Dieu, entre un homme et une femme, pour toute la vie. Il ne s'agit pas du concubinage ni du mariage civil ou coutumier, même si c'est en vue d'un mariage à l'église.

En outre, l'abstinence avant le mariage favorise le dialogue entre fiancés, les exerce au respect mutuel et à la maîtrise de soi, de sorte qu'ils puissent plus facilement rester fidèles l'un à l'autre dans le mariage. Lorsqu'un fiancé estime qu'il ne peut pas se passer de sexe, il est très fort probable qu'il sera infidèle dans le mariage, puisqu'il essayera à coup sûr de trouver son compte hors du couple lorsque sa future épouse sera indisponible (voyages, maladies, etc.). Il en est de même pour une fiancée luxurieuse. Quel avantage y a-t-il à continuer de cheminer avec de telles personnes ?

Saint Jean-Marie Vianney fait remarquer que « lorsqu'on veut recevoir le sacrement de confirmation, l'on fait une retraite, l'on tâche de bien se faire instruire, pour se rendre digne des grâces qui y sont attachées. Mais pour celui du mariage, dont dépend ordinairement le bonheur ou le malheur éternel de celui qui le reçoit, bien loin de s'y préparer par une retraite ou quelque autre bonne action, il semble que jamais l'on n'aura assez accumulé crimes sur crimes pour le recevoir, il semble qu'on n'aura jamais assez fait de mal pour mériter la malédiction du bon Dieu, afin d'être malheureux toute la vie en se préparant un enfer pour l'éternité.

Lorsque l'on veut entrer dans l'état ecclésiastique [devenir prêtre, religieux, religieuse], ou [bien entrer] dans un monastère, ou même rester dans le célibat, l'on consulte, l'on prie, l'on fait de bonnes œuvres, afin de bien demander à Dieu la grâce de connaître sa vocation ; quoique dans l'ordre religieux tout nous porte au bon Dieu, tout nous éloigne du mal, malgré cela, l'on prend beaucoup de précautions. Mais pour le mariage, où il est si difficile de se sauver, ou pour mieux dire, où il y en a tant qui se damnent, où sont les préparations que l'on fait pour demander à Dieu la grâce de mériter le secours du ciel qui nous est si nécessaire pour pouvoir nous y sanctifier ? Presque personne ne s'y prépare, ou on le fait d'une manière si faible que le cœur n'y est pour rien.

Dès qu'un jeune homme ou une jeune fille commence à vouloir penser à s'établir, ils commencent à s'éloigner de Dieu en abandonnant la religion, la prière et les sacrements. Les parures et les plaisirs prennent la place de la religion, et les crimes les plus honteux prennent la place des sacrements. Ils continuent cette route jusqu'au moment où ils entrent dans le mariage. [...] Le plus grand nombre des chrétiens y apportent un cœur mille fois plus pourri par le vice infâme de l'impureté, qu'un grand nombre de païens, qui n'oseraient pas même faire ce que la plupart des chrétiens font. Une fille qui désire avoir un jeune homme n'a pas plus de réserve que la bête la plus immonde. Hélas ! C'est qu'elle abandonne le bon Dieu, et le bon Dieu l'abandonne à son tour ; elle se jette à corps perdu dans tout ce qu'il y a de plus infâme.

Hélas ? Que peuvent être et devenir ces pauvres personnes qui reçoivent le sacrement de mariage dans un pareil état, et combien de ces malheureux qui ne le diront pas même en confession ? Ô mon Dieu ! Avec quelle horreur le ciel peut et doit-il bien regarder de tels mariages ! »[24]

Bref, « les fiancés sont appelés à vivre la chasteté dans la continence (l'abstinence). Ils verront dans cette mise à l'épreuve une découverte du respect mutuel, un apprentissage de la fidélité et de l'espérance de se recevoir l'un et l'autre de Dieu. Ils réserveront au temps du mariage les manifestations de tendresse spécifiques de l'amour conjugal. Ils s'aideront mutuellement à grandir dans la chasteté »[25].

1.14. La sexualité des adolescents et des jeunes

La sexualité des adolescents est la plus problématique. Ils traversent un moment de maturation marquée par des transformations du corps surtout chez les filles. C'est aussi un moment où ils cherchent à se construire, à acquérir une identité, à avoir des repères pour grandir. À ce moment là, l'amour fait rêver. Et malheureusement à ce moment là, alors qu'ils sont facilement influençables, qu'ils sont poussés à faire des expériences sexuelles à travers la diffusion de la pornographie, les racontars, les pro-

---

24. Saint Jean-Marie Vianney, *Sermon sur le mariage*.

25. *Catéchisme de l'Église Catholique*, n°2350.

grammes de sensibilisation sur la « santé sexuelle et reproductive », la distribution de préservatifs, etc.

Lorsque des adolescents (filles ou garçons) s'engagent dans une relation sexuelle, ce n'est jamais en vue du mariage. Ils le font pour s'affirmer, pour faire comme tout le monde, découvrir leurs performances, se faire apprécier par leurs camarades. Il est assez courant que des adolescentes et des jeunes filles se laissent entraîner dans des relations sexuelles parce qu'elles n'ont pas appris qu'elles pouvaient dire non, ou bien, pour ne pas être mal vues par leur partenaire ou par les autres filles, pour garder leur copain, pour que ceux-ci ne pensent pas qu'elles ne l'aiment pas, pour ne pas d'être abandonnées, etc. Il est donc tout à fait normal que dans ces conditions, les amourettes des adolescents soient de courte durée, qu'ils passent d'une relation à l'autre, sans amour, et sans satisfaction, se limitant à la recherche de plaisir.

Et pourtant, ils se rendent comptent que l'amour n'est pas un jeu. Ils ont plus de mal à supporter les déceptions amoureuses ainsi que les autres conséquences de leur sexualité : grossesses, avortements, SIDA, maladies. Ils sapent ainsi les bases qui leur permettraient d'avoir confiance, d'aimer vraiment, de rester fidèles, d'envisager sereinement de se marier dans l'avenir.

Les jeunes doivent savoir qu'il y a un temps pour tout. Ils doivent prendre le temps de se construire pendant qu'ils vivent bien leur jeunesse en se faisant des amis et en choisissant bien leurs amis. Lorsqu'on n'est pas construit soi-même, il est difficile de construire quelque chose avec une autre personne, en particulier avec un partenaire qui ne s'est pas construit également. Il est alors important de savoir gérer ses sentiments et ses désirs de manière convenable pour réussir sa jeunesse et se donner des chances de réussir également son futur mariage.

Voici le témoignage éloquent de West Christopher dont la conclusion est la même chez beaucoup de jeunes qui font une introspection sincère de leur vie sexuelle : « En grandissant dans la foi catholique, dans les années 1970 et 1980, j'avais beaucoup de questions et d'objections sur l'enseignement de l'Église en matière de sexualité et de mariage. Lorsque les hormones ont commencé à me titiller, tout ce qu'on m'avait appris sur l'importance de "rester pur" s'est volatilisé, ou presque. Au cours des années qui ont suivi, mon comportement sexuel allait laisser des traces dans ma vie.

Étudiant en première année à l'université, je me suis trouvé en proie à une profonde et douloureuse confusion quant à mon identité masculine. Je ne pouvais nier que cette douleur et cette confusion provenaient, pour une large part, de mon comportement et de mes habitudes sexuelles. La promiscuité sexuelle généralisée de la vie en résidence universitaire ne faisait qu'amplifier mon mal-être.

Les "conquêtes sexuelles" que nous nous racontions tous – en les exagérant, bien entendu – m'ont ouvert les yeux sur la laideur dont les hommes sont capables. Derrière chacune de ces "conquêtes", une femme était utilisée puis jetée. Mais personne ne semblait s'en soucier.

Un jour, dans l'un des dortoirs, j'ai assisté à une soirée qui a dégénéré. Il y a eu un viol. (J'ai oublié de préciser qu'il s'agissait d'une université catholique). Pour moi, le point de non-retour était franchi. Cette expérience m'a hanté : comment un homme pouvait-il traiter ainsi une femme, comme si elle n'était rien d'autre qu'une "chose" au service de son plaisir sexuel ? Plus je me posais cette question, plus je sentais qu'elle m'était en fait directement adressée.

Je n'ai jamais violé personne, me disais-je. Mais suis-je si différent de ce type dans la manière dont je traite les femmes, en pensée et en actes ? Est-ce que je n'utilise pas moi aussi ma petite amie pour satisfaire mon plaisir sexuel ? Quand j'ai accepté d'être honnête avec moi-même, j'ai dû conclure que je ne valais pas tellement mieux que ce violeur.

Pendant cette période de profonde remise en question, je me suis mis en colère contre Dieu. "C'est toi qui as donné aux hommes ces hormones, protestais-je. Or, le moins que l'on puisse dire, c'est qu'elles nous causent de sacrés problèmes !... Qu'est-ce que je suis censé en faire ? Je veux savoir la vérité ! Le sexe, à quoi ça rime ? Et être un homme, qu'est-ce que ça veut dire ?"

Cette prière m'a lancé dans une quête à la découverte de la vérité sur la sexualité. Le Christ a dit : "Cherchez et vous trouverez" (Mt 7, 7). J'ai donc cherché. Et ce que j'ai trouvé au bout du compte, ce sont les écrits de Jean-Paul II. Voilà un homme qui a pensé à frais nouveaux et présenté de manière lumineuse et très originale l'enseignement de l'Église sur la sexualité et le mariage. Son travail a préparé le terrain à une nouvelle "révolution sexuelle" qui promet d'offrir ce que la précédente n'a pas pu donner, à savoir la vraie satisfaction de ce désir qui nous met tous en mouvement : aimer et être aimé »[26].

1.15. La virginité

La virginité désigne l'état de ceux et de celles qui n'ont pas encore eu de rapports sexuels[27]. La virginité concerne aussi bien

26. West Christopher, *Bonnes Nouvelles Sur le Sexe et le Mariage*, Editions de l'Emmanuel, 2013. Extrait de l'introduction disponible sur la présentation du livre sur amazon.fr

27. La virginité chez la femme est souvent définie de façon physique, par la présence de l'hymen, membrane qui se rompt lors du premier rapport

les garçons que les filles. L'importance exagérée que l'on accorde au sexe fait qu'il n'est pas facile d'avouer publiquement que l'on est vierge, surtout si l'on est d'un certain âge. Au contraire, il semble plus élogieux de parler de ses expériences, ou en tout cas de se taire ou de mentir au sujet de sa virginité. Or, ceux qui ont fait l'effort d'attendre jusqu'au mariage témoignent qu'ils n'ont rien perdu, et ceux qui n'ont pas pu le faire ne peuvent dire objectivement ce qu'ils ont tiré de positif de leur vie sexuelle avant le mariage.

Lorsqu'on veut acheter un objet précieux à une personne qui ne veut pas le vendre, il faut arriver à inspirer à ce dernier l'amour de l'argent, ou bien à lui montrer que son objet n'a pas une si grande valeur. Il en est de même pour le trésor que sont la virginité et le respect de son corps. La tendance est de faire croire aux jeunes que la virginité ne sert à rien, qu'elle est démodée, qu'il n'y a plus de filles ou de garçons vierges, et par conséquent, qu'il vaut mieux profiter de la vie et se faire plaisir.

Or, tous les garçons, même ceux qui ne sont pas sérieux, voudraient trouver des filles sérieuses, et si possible vierges pour se marier. Et l'on oublie de mentionner que les filles surtout ont conscience que leur virginité est un trésor qu'elles ne voudraient pas donner à n'importe quel homme. D'ailleurs, toutes les femmes, même à 80 ans, se souviennent très bien du garçon avec lequel elles ont perdu leur virginité. Beaucoup de filles regrettent d'avoir perdu leur virginité et de constater qu'il n'est pas possible de revenir en arrière. C'est en général avec un « faux type », puisqu'elles consentent au rapport en se pensant aimée, pour se voir abandonner peu après. Les garçons qui font du chantage à leur copine leur imposant d'accepter des rapports comme condition pour continuer la relation ou pour obtenir le

---

sexuel. Cependant, l'hymen peut se déchirer lors d'une activité physique intense.

mariage tiennent rarement parole, comme le montre l'expérience quotidienne. Dans notre contexte actuel de sexualité banalisée, où les jeunes se livrent tôt à des relations sexuelles, il est rare qu'un(e) adolescent(e) se marie avec son premier partenaire sexuel. D'où l'importance justement d'attendre le mariage pour éviter les expériences décevantes.

De plus, dans la vie, il est plus difficile de travailler que de paresser, d'être vertueux que de se laisser entraîner dans le vice (alcool, sexe, cigarette, drogue, vol, etc.). Il est facile d'avoir des rapports sexuels, parce que cela demande seulement de se laisser aller. Par contre, pour rester vierge, ou plus généralement, pour vivre dans la chasteté, il faut le vouloir, il faut être tenace et perspicace dans un monde où les sollicitations et les provocations ne manquent pas.

Choisir de rester vierge jusqu'au mariage, non par peur, c'est se rendre compte que l'amour c'est sérieux, que le sexe n'est pas un jeu, quelque chose qu'on fait comme cela en passant, avec n'importe qui, juste pour le plaisir. C'est choisir avec joie et sans complexe de se préparer pour un don plus grand dans le mariage.

Saint Augustin en rajoute : « Ce que nous louons dans les vierges, ce n'est pas leur virginité même, c'est leur consécration à Dieu dans les exercices d'une pieuse continence »[28]. Autrement dit, le respect du commandement du Seigneur est avant tout ce qu'il y a de louable dans l'attitude du respect de sa virginité. Quel honneur en effet y a-t-il à être fier d'avoir eu à désobéir à Dieu ? Bien entendu, il ne s'agit pas d'être vierge de corps tout en se livrant à d'autres formes de luxure (pornographie, masturbation, fellation, sodomie, etc.). La chasteté est un tout, une maîtrise de son corps, de son cœur, de ses pensées, de ses passions et de ses actes.

---

28. Saint Augustin, *De la sainte Virginité*, chapitre XI.

Il est tout à fait possible de se faire une nouvelle virginité[29] lorsqu'on a perdu son innocence, celle du cœur, que l'on soit homme ou femme. Il s'agit de regretter sa faute, de se confesser, et de choisir désormais de vivre dans l'abstinence jusqu'au mariage. Jésus n'a-t-il pas dit à la femme adultère repentante : « Je ne te condamne pas. Va, désormais ne pèche plus » ? (Jn 8, 11)

L'Église n'est pas complexée d'attribuer dans son discours et dans ses prières, le titre de Vierge à la Mère du Seigneur, la Très Sainte Vierge Marie. À leurs tour, les fils et filles de l'Église qui ne sont pas encore mariés ne devraient pas être complexés s'ils ont encore le privilège d'être vierges. Car, « la sixième béatitude proclame : "Bienheureux les cœurs purs, car ils verront Dieu" (Mt 5, 8). Les "cœurs purs" désignent ceux qui ont accordé leur intelligence et leur volonté aux exigences de la sainteté de Dieu, principalement en trois domaines : la charité (cf. 1 Tm 4, 3-9 ; 2 Tm 2, 22), la chasteté ou rectitude sexuelle (cf. 1 Th 4, 7 ; Col 3, 5 ; Ep 4, 19), l'amour de la vérité et l'orthodoxie de la foi (cf. Tt 1, 15 ; 1 Tm 1, 3-4 ; 2 Tm 2, 23-26). [...]

Aux "cœurs purs" est promis de voir Dieu face-à-face et de Lui être semblables (cf. 1 Co 13, 12 ; 1 Jn 3, 2). La pureté du cœur est le préalable à la vision [de Dieu]. Dès aujourd'hui, elle nous donne de voir selon Dieu, de recevoir autrui comme un "prochain" ; elle nous permet de percevoir le corps humain, le nôtre et celui du prochain, comme un temple de l'Esprit Saint, une manifestation de la beauté divine »[30].

---

29. Il ne s'agit pas de la pratique répandue dans certains pays qui consiste à se faire recoudre son hymen à grands frais par un gynécologue chirurgien (hyménoplastie) pour paraître vierge lors de la nuit de noces. L'intention ici est bien malsaine, celle de mentir à son fiancé. On peut bien tromper les hommes mais pas Dieu, « car l'homme regarde à l'apparence, mais Yahvé regarde au cœur » (1 S 16, 7).

30. *Catéchisme de l'Église Catholique*, n°2518-2519.

1.16. Sexualité, cerveau et responsabilité

Cela peut paraître surprenant, mais on pourrait affirmer que le cerveau est le premier organe sexuel ! Tout d'abord parce que c'est le cerveau qui règle le fonctionnement de tous les organes du corps. En particulier, le cerveau secrète les hormones qui affectent directement le fonctionnement des organes génitaux. Il gère aussi les connexions nerveuses qui assurent le plaisir.

C'est pourquoi la psychologie joue un rôle important dans la sexualité. Il suffit de donner libre cours à son imagination pour déclencher ses organes sexuels. Par contre la peur, le stress, les échecs sexuels, les mésententes dans le foyer, le manque d'amour, les blessures affectives surtout les cas de viols sont à l'origine de la plupart des pannes sexuelles (absence de désir ou de plaisir, impuissance, troubles d'érection, éjaculation précoce, vaginisme, etc.).

Il est donc vital de protéger son cerveau et son affectivité d'expériences inutiles qui la blessent, en vivant dans la chasteté. Lorsqu'on se laisse dominer par des pensées perverses, par des images pornographiques, etc., on perd progressivement la maîtrise de soi, et on passe à la dépendance. De même qu'un fumeur dirait qu'il lui est impossible de ne pas fumer, ou un alcoolique qu'il ne peut plus s'empêcher de boire, un dépendant dirait qu'il n'est pas possible de se passer de sexe. Pendant ce temps, ceux qui sont lucides et qui ont la maîtrise de soi se rendent bien compte qu'on peut bien vivre sans boire, sans fumer et sans luxure.

Chacun a donc une responsabilité dans ce domaine, pour ne pas se laisser dominer par la passion. Car, « tout comme dans les autres domaines de l'activité humaine, il ne peut y avoir ici de liberté sans responsabilité : la liberté ne peut pas dans ce cas, ne pas tenir compte, en toute responsabilité, du bien qu'elle gère à savoir le sexe et l'activité sexuelle, ni faire abstraction de toute la richesse personnelle que le sexe comporte, de la vie personnelle qu'il implique, de l'éventuel impact sur les autres personnes et sur la famille qui en serait issue. Le sexe, même s'il s'accompagne toujours de l'élan spontané, n'est jamais un simple jeu et il ne peut faire abstraction de la richesse de la spiritualité. C'est pourquoi toute la vie sexuelle doit s'accompagner de responsabilité. [...] La responsabilité veut également dire accepter la sexualité pour ce qu'elle est et pour ce qu'elle comporte dans ses significations et dans ses conséquences »[31].

Une des finalités importantes de la sexualité est le don de la vie. Quelle peine pour les jeunes filles qui deviennent enceintes et se voient proposer l'avortement, crime abominable, parce que le jeune homme dit qu'il n'est pas prêt ou qu'il n'en veut pas ou encore qu'il ne peut en être l'auteur ! Quelle douleur secrète pour les enfants qui sont nés hors mariage, considérés par leurs parents comme « une erreur de jeunesse » ! Comment vivre harmonieusement lorsqu'on sait qu'on est né à la suite d'une erreur, lorsque les parents se sont remariés chacun de son côté et que l'on n'est accepté ni par le mari de maman, ni par la femme de papa ?

La réflexion et la responsabilité doivent prévaloir également au sujet de maladies dont le mode de transmission est essentiellement la voie sexuelle : VIH/SIDA et autres Infections Sexuellement Transmissibles (IST). La solution du préservatif comme moyen de protection n'est pas efficace à 100% et il convient de choisir la meilleure façon de protéger sa santé et celle des autres, celle de vivre dans la chasteté, notamment l'abstinence si l'on n'est pas marié, et la fidélité dans le mariage.

---

31. Elio Sgreccia, *Manuel de bioétique. Les fondements et l'éthique biomédicale*, trad. Robert Hivon, 1999, p. 419.

Tout homme fait des choix dans sa vie de tous les jours et subit lui-même les conséquences et les fait subir aux autres, soit parce que les actes posés visent directement autrui, soit parce que par solidarité humaine, ce qui affecte une personne (joie, souffrance, deuil, etc.) affecte aussi son entourage. Il convient de faire le bon choix. Dieu dit en effet : « Je prends aujourd'hui à témoin contre vous le ciel et la terre : je te propose la vie ou la mort, la bénédiction ou la malédiction. Choisis donc la vie, pour que toi et ta postérité vous viviez, aimant Yahvé ton Dieu, écoutant sa voix, t'attachant à lui » (Dt 30, 19-20).

Pour choisir la vie, la bénédiction, il faut un cœur pur. « Le cœur est le siège de la personnalité morale : "C'est du cœur que viennent intentions mauvaises, meurtres, adultères et inconduites" (Mt 15, 19). La lutte contre la convoitise charnelle passe par la purification du cœur et la pratique de la tempérance »[32]. On voit très bien dans la Bible comment David qui n'a pas maîtrisé son regard s'est fait amener la femme d'Urie qui devint enceinte de lui (cf. 2 S 11, 2-5).

« Le Baptême confère à celui qui le reçoit la grâce de la purification de tous les péchés. Mais le baptisé doit continuer à lutter contre la concupiscence de la chair et les convoitises désordonnées. Avec la grâce de Dieu, il y parvient :

– par la vertu et le don de chasteté, car la chasteté permet d'aimer d'un cœur droit et sans partage ;

– par la pureté d'intention qui consiste à viser la fin véritable de l'homme : d'un œil simple, le baptisé cherche à trouver et à accomplir en toute chose la volonté de Dieu (cf. Rm 12, 2 ; Col 1, 10) ;

– par la pureté du regard, extérieur et intérieur ; par la discipline des sentiments et de l'imagination ; par le refus de toute

____

32. *Catéchisme de l'Église Catholique*, n°2517.

complaisance dans les pensées impures qui inclinent à se détourner de la voie des commandements divins : "La vue éveille la passion chez les insensés" (Sg 15, 5) ;

– par la prière. [...]

La pureté demande la pudeur. Celle-ci est une partie intégrante de la tempérance. La pudeur préserve l'intimité de la personne. Elle désigne le refus de dévoiler ce qui doit rester caché. Elle est ordonnée à la chasteté dont elle atteste la délicatesse. Elle guide les regards et les gestes conformes à la dignité des personnes et de leur union.

La pudeur protège le mystère des personnes et de leur amour. Elle invite à la patience et à la modération dans la relation amoureuse ; elle demande que soient remplies les conditions du don et de l'engagement définitif de l'homme et de la femme entre eux. La pudeur est modestie. Elle inspire le choix du vêtement. Elle maintient le silence ou le réserve là où transparaît le risque d'une curiosité malsaine. Elle se fait discrétion. Il existe une pudeur des sentiments aussi bien que du corps. Elle proteste, par exemple, contre les explorations "voyeuristes" du corps humain dans certaines publicités, ou contre la sollicitation de certains médias à aller trop loin dans la révélation de confidences intimes. La pudeur inspire une manière de vivre qui permet de résister aux sollicitations de la mode et à la pression des idéologies dominantes.

Les formes revêtues par la pudeur varient d'une culture à l'autre. Partout, cependant, elle reste le pressentiment d'une dignité spirituelle propre à l'homme. Elle naît par l'éveil de la conscience du sujet. Enseigner la pudeur à des enfants et à des adolescents c'est les éveiller au respect de la personne humaine »[33].

---

33. *Catéchisme de l'Église Catholique*, n°2520-2524.

Chapitre 2. Les offenses à la chasteté

2.1. Tout m'est permis, mais tout ne m'est pas profitable[34]

Les hommes et les femmes de notre époque ont une soif exagérée de « liberté ». Ils réclament la liberté de faire tout ce qu'ils voudraient faire et exigent le respect de cette liberté. « Ce que je fais ne te regarde pas ; si tu veux, fais de même ». Chacun devient son propre moraliste, c'est-à-dire, juge de ce qui est bien ou mal. Il n'y a jamais de mal à se faire plaisir, pourvu qu'on soit en accord avec soi-même. De plus, lorsque son partenaire est consentant, qu'on ne dérange personne, que la loi civile ne l'interdit pas, où est le problème ? D'ailleurs, n'est-il pas préférable de jouir à fond de son corps avant que les termites n'en profitent ?

Devant ces idées véhiculées touchant la sexualité, « aucun homme ne peut se dérober aux questions fondamentales : *Que dois-je faire ? Comment discerner le bien du mal ?* La réponse n'est possible que grâce à la splendeur de la vérité qui éclaire les profondeurs de l'esprit humain. [...] L'Église sait que la question

---

34. Cf. 1 Co 6, 12.

morale rejoint en profondeur tout homme, implique tous les hommes, même ceux qui ne connaissent ni le Christ et son Évangile, ni même Dieu »[35]. Il n'y a donc que la Vérité qui rende vraiment libre (cf. Jn 8, 32), cette vérité universelle, qui ne dépend pas des individus, des cultures, des pays, des conditions sociales ou économiques. Jésus dit en effet : « En vérité, en vérité, je vous le dis, quiconque commet le péché est esclave » (Jn 8, 34).

Les diverses offenses à la chasteté et à la dignité du mariage qui suivent, exposées par souci de vérité, seront peut-être ressenties douloureusement, mais leur valeur positive apparaîtra à la longue, après une mûre réflexion. Elles pourront aider à approfondir le sens de la dignité respective de l'homme et de la femme, et dégager des voies pour vivre vraiment libre et heureux, sans être aliéné par un certain libertinage, cette fausse mentalité avec laquelle, au nom de la liberté, on veut justifier tout ce que l'on fait, y compris le mal. Il ne faut donc pas céder rapidement à la tentation d'arrêter la lecture en disant : « sur cette question, nous t'écouterons une autre fois » (Ac 17, 32).

2.2. La fornication

Pour les chrétiens, fidèles à l'enseignement de Jésus, les rapports sexuels entre un homme et une femme qui ne sont pas mariés entre eux à l'église sont une faute grave. Ce péché s'appelle fornication pour les personnes libres (célibataires, veufs, veuves) et adultère pour les personnes mariées. Dans la Bible, il est souvent aussi désigné sous le nom d'impureté et de débauche. Certains jeunes chrétiens ne se confessent que quand ils ont « trompé » leur copain (ou leur copine) ou quand ils ont couché ensemble sans préservatif, négligeant le fait que les relations

---

35. Jean-Paul II, *Lettre encyclique Veritatis splendor sur quelques questions fondamentales de l'enseignement moral de l'Église*, n°2.3.

sexuelles entre copains et copines, sont toujours un péché. Le fait de s'aimer beaucoup, d'être fiancés, d'avoir un projet ferme de mariage à l'église, ou bien d'avoir déjà fait le mariage civil et/ou coutumier seulement ne peut pas justifier la fornication. La Bible rappelle à maintes reprises la gravité de cette faute. Quelques exemples :

- He 13, 4 : « Que le mariage soit honoré de tous et le lit nuptial sans souillure. Car Dieu jugera fornicateurs et adultères » ;

- Ep 5, 5-7 : « Quant à la fornication, à l'impureté sous toutes ses formes, ou encore à la cupidité, que leurs noms ne soient même pas prononcés parmi vous : c'est ce qui sied à des saints. Car, sachez-le bien, ni le fornicateur, ni le débauché, ni le cupide – qui est un idolâtre – n'ont droit à l'héritage dans le Royaume du Christ et de Dieu. Que nul ne vous abuse par de vaines raisons : ce sont bien de tels désordres qui attirent la colère de Dieu sur ceux qui lui résistent. N'ayez donc rien de commun avec eux ».

Au temps de Jésus, la ville de Corinthe était une ville commerciale prospère. Là, les gens se laissaient aller à la débauche, et certains chrétiens avaient même adopté ces mauvaises habitudes, en considérant leurs désirs sexuels désordonnés comme des besoins naturels au même titre que la nourriture qu'on ne peut laisser tomber sous aucun prétexte. On mourra certainement si l'on passe plusieurs jours sans manger et sans boire. Mais meure-t-on parce qu'on vit dans l'abstinence ? Assurément pas. L'homme, créé à l'image et à la ressemblance de Dieu n'est pas composé seulement de chair et l'instinct sexuel n'est pas tout en lui. L'homme est aussi et avant tout intelligence, volonté, liberté : ces facultés lui donnent de pouvoir maîtriser ses tendances physiques, psychologiques et affectives. Saint Paul reprend donc vivement les Corinthiens en précisant que notre corps est sacré et ressuscitera au dernier jour :

« Les aliments sont pour le ventre et le ventre pour les aliments, et Dieu détruira ceux-ci comme celui-là. Mais le corps n'est pas pour la fornication ; il est pour le Seigneur, et le Seigneur pour le corps. Et Dieu, qui a ressuscité le Seigneur, nous ressuscitera, nous aussi, par sa puissance. Ne savez-vous pas que vos corps sont des membres du Christ ? Et j'irais prendre les membres du Christ pour en faire des membres de prostituée ? Jamais de la vie ! Ou bien ne savez-vous pas que celui qui s'unit à la prostituée n'est avec elle qu'un seul corps ? Car il est dit : Les deux ne seront qu'une seule chair. Celui qui s'unit au Seigneur, au contraire, n'est avec lui qu'un seul esprit. Fuyez la fornication ! Tout péché que l'homme peut commettre est extérieur à son corps ; celui qui fornique, lui, pèche contre son propre corps. Ou bien ne savez-vous pas que votre corps est un temple du Saint-Esprit, qui est en vous et que vous tenez de Dieu ? Et que vous ne vous appartenez pas ? Vous avez été bel et bien achetés ! Glorifiez donc Dieu dans votre corps » (1 Co 6, 13-20).

De nos jours, nos villes et nos quartiers sont devenus pires que Corinthe : le pouvoir, l'argent et le bas ventre sont les nouvelles divinités qui dictent à nos contemporains leur conduite. La fornication est devenue tellement banale, si exaltée et encouragée qu'elle ne choque plus personne malgré ses fruits très amers qui sont développés tout au long de ce livre. À ce sujet, écoutons encore saint Paul : « Il en est beaucoup, je vous l'ai dit souvent et je le redis aujourd'hui avec larmes, qui se conduisent en ennemis de la croix du Christ : leur fin sera la perdition ; ils ont pour dieu leur ventre et mettent leur gloire dans leur honte ; ils n'apprécient que les choses de la terre » (Ph 3, 18-19). Dans ce contexte, le chrétien est appelé à être sel et lumière (cf. Mt 5, 13-14) au milieu de cette « génération mauvaise et adultère » (Mt 12, 39).

2.3. L'adultère

L'adultère désigne l'infidélité dans le mariage. C'est le fait d'un homme marié qui va avec une autre femme que sa femme ou bien, d'une femme mariée qui va avec un autre homme que son mari. Jésus condamne même l'adultère de simple désir : « Vous avez entendu qu'il a été dit : Tu ne commettras pas l'adultère. Eh bien ! Moi je vous dis : Quiconque regarde une femme pour la désirer a déjà commis, dans son cœur, l'adultère avec elle » (Mt 5, 27-28).

Ce péché grave est rappelé tout au long du Nouveau Testament[36] :

- « Que le mari s'acquitte de son devoir envers sa femme, et pareillement la femme envers son mari. La femme ne dispose pas de son corps, mais le mari. Pareillement, le mari ne dispose pas de son corps, mais la femme » (1 Co 7, 3-4) ;

- « Ne savez-vous pas que les injustes n'hériteront pas du Royaume de Dieu ? Ne vous y trompez pas ! Ni les fornicateurs, ni les idolâtres, ni les adultères, ni les efféminés, ni les pédérastes, ni voleurs, ni cupides, pas plus qu'ivrognes, insulteurs ou rapaces, n'hériteront du Royaume de Dieu » (1 Co 6, 9-10).

De nos jours pourtant, maîtresses, « deuxièmes bureaux », amants, « petits pompiers » ne se cachent même plus. Le phéno-

---

36. Dans l'Ancien Testament, l'adultère désignait aussi le péché d'idolâtrie, le fait de recourir à des faux dieux (cf. Os 2, 7 ; Jr 5, 7 ; 13, 27).

mène s'est amplifié avec la vulgarisation des téléphones portables, d'Internet et des réseaux sociaux. On ne se gêne plus de dire : « Viens ! Enivrons-nous d'amour jusqu'au matin ! Jouissons dans la volupté ! Car il n'y a point de mari à la maison : il est parti pour un lointain voyage » (Pr 7, 18-19), ou encore « La porte du jardin est close, personne ne nous voit. Nous te désirons, cède et couche avec nous ! » (Dn 13, 20)

Par l'adultère, le temps, l'attention, l'argent dus à son époux(se) et à ses enfants sont détournés en faveur d'une autre personne. Celui ou celle qui commet l'adultère pèche lui-même, pèche en étant complice du péché de son(sa) partenaire, pèche également en contristant fortement le mari ou la femme trahi(e) et humilié(e), qui peuvent en arriver au désespoir, à pécher à leur tour ou à demander le divorce. Le foyer est toujours déstabilisé lorsque survient un enfant hors mariage que ce soit de la faute du mari ou de la femme.

« L'adultère est une injustice. Celui qui le commet manque à ses engagements. Il blesse le signe de l'Alliance qu'est le lien matrimonial, lèse le droit de l'autre conjoint et porte atteinte à l'institution du mariage, en violant le contrat qui le fonde. Il compromet le bien de la génération humaine et des enfants qui ont besoin de l'union stable des parents »[37]. Il met en danger également la santé de la famille en l'exposant au SIDA et aux autres Infections Sexuellement Transmissibles. « L'adultère est privé de sens, qui veut sa propre perte agit ainsi ! » (Pr 6, 32)

« La nuit est avancée. Le jour est arrivé. Laissons là les œuvres de ténèbres et revêtons les armes de lumière. Comme il sied en plein jour, conduisons-nous avec dignité : point de ripailles ni d'orgies, pas de luxure ni de débauche, pas de querelles ni de jalousies. Mais revêtez-vous du Seigneur Jésus

____

37. *Catéchisme de l'Église Catholique*, n°2381.

Christ et ne vous souciez pas de la chair pour en satisfaire les convoitises » (Rm 13, 12-14).

2.4. Le regard et l'imagination impurs

Dieu a créé les yeux pour que l'on regarde. L'importance de cet organe n'est pas à démontrer pour mener les activités quotidiennes et pour entrer en relation avec les autres. Jésus a guéri des aveugles (Mt 12, 22 ; Jn 9 ; etc.) pour indiquer qu'il est crucial de voir la lumière du jour, mais aussi et surtout pour qu'en voyant les personnes et les divers éléments qui composent le ciel et la terre, nous rendions gloire au Créateur, de sorte à « ne prendre aucune part aux œuvres stériles de ténèbres » (cf. Ep 5, 11).

Être attiré par un homme ou une femme, admirer la beauté de quelqu'un, tomber amoureux, penser à lui ou à elle, lui faire la cour, sortir ensemble ne sont pas des péchés. C'est normal et sain en soi. Et il faut cela pour qu'il y ait des mariages célébrés à l'église. Les personnes mariées ne commettent pas de péché en se désirant l'une l'autre. Signalons encore que tout ce qui se passe dans les rêves pendant le sommeil est involontaire et ne constitue donc pas un péché. Ce n'est pas un péché également si le corps est excité (érection, sentiment d'être mouillée) sans que la volonté y soit pour quelque chose : ce sont des réactions normales de l'organisme dans un environnement donné et selon le développement psychique de chaque individu.

Le péché est autre. On parle souvent de « regards qui déshabillent », de « regards jouisseurs », de « se rincer les yeux », etc. D'où par ailleurs la nécessité de s'habiller décemment pour ne pas soumettre les autres à la tentation. Le péché c'est quand volontairement, on imagine des actes sexuels illicites (par exemple la fornication, adultère, etc.), ou bien quand volontairement on regarde une personne, une image érotique, etc., pour imaginer quelque chose de sexuel. Là, l'autre est considéré comme un objet de plaisir, un simple mobile d'excitation. Le péché est déjà là, commis en pensée, même s'il n'est pas (encore) commis par action. « La lampe du corps, c'est l'œil. Si donc ton œil est sain, ton corps tout entier sera lumineux. Mais si ton œil est malade, ton corps tout entier sera ténébreux. Si donc la lumière qui est en toi est ténèbres, quelles ténèbres ! » (Mt 6, 22-23)

Le péché en pensée comprend aussi les cas où l'on regrette de n'avoir pas profité d'une belle occasion de poser des actes de luxure (fornication, adultère, prostitution, etc.), le fait de se réjouir du souvenir de ses mauvaises actions passées, et aussi le fait d'envisager ou de planifier d'autres mauvaises actions pour le futur.

Le péché existe également dans les paroles : multiplier les blagues et les allusions aux choses obscènes, aimer écouter les autres raconter leurs exploits impudiques[38] ou de la musique aux paroles perverses préparent l'esprit à des pensées impures. Or, « de votre bouche ne doit sortir aucun mauvais propos, mais plutôt toute bonne parole capable d'édifier, quand il le faut, et de faire du bien à ceux qui l'entendent » (Ep 4, 29).

Jésus l'a enseigné : « Vous avez entendu qu'il a été dit : Tu ne commettras pas l'adultère. Eh bien ! Moi je vous dis : Quiconque regarde une femme pour la désirer a déjà commis, dans son cœur, l'adultère avec elle » (Mt 5, 27-28). En effet, une fois que le péché est conçu dans l'esprit, il suffirait d'une occasion favorable pour qu'il soit mis à exécution. D'où la nécessité de surveiller ses pensées. « Car c'est du dedans, du cœur des hommes, que sortent les desseins pervers : débauches, vols,

---

38. D'ailleurs, la plupart de ceux qui aiment raconter leurs activités sexuelles inventent très souvent des histoires, ou bien exagèrent les faits pour se faire voir.

meurtres, adultères, cupidités, méchancetés, ruse, impudicité, envie, diffamation, orgueil, déraison. Toutes ces mauvaises choses sortent du dedans et souillent l'homme » (Mc 7, 21-23).

Comme illustration, le livre de Daniel au chapitre 13, raconte l'histoire d'une femme de grande beauté, Suzanne. « Deux vieillards fréquentaient la maison de Ioakim et tous ceux qui avaient quelque procès s'adressaient à eux. Lorsque tout le monde s'était retiré, vers midi, Suzanne venait se promener dans le jardin de son époux. Les deux vieillards qui la voyaient tous les jours entrer pour sa promenade se mirent à la désirer. Ils en perdirent le sens, négligeant de regarder vers le Ciel et oubliant ses justes jugements. Tous deux blessés de cette passion, ils se cachaient l'un à l'autre leur tourment. Honteux d'avouer le désir qui les pressait de coucher avec elle, ils n'en rusaient pas moins chaque jour pour la voir. Un jour, s'étant quittés sur ces mots : "Rentrons chez nous, c'est l'heure du déjeuner", et chacun s'en étant allé de son côté, chacun aussi revint sur ses pas et ils se re-trouvèrent face à face. Forcés alors de s'expliquer, ils s'avouèrent leur passion et convinrent de chercher le moment où ils pourraient surprendre Suzanne seule. Ils attendaient donc l'occasion favorable.

Un jour, Suzanne vint, comme les jours précédents, accompa-gnée seulement de deux petites servantes, et, comme il faisait chaud, elle voulut se baigner au jardin. Il n'y avait personne : seuls les deux vieillards, cachés, étaient aux aguets. Elle dit aux servantes : "Apportez-moi de l'huile et du baume, et fermez la porte du jardin, afin que je puisse me baigner." Elles obéirent, fermèrent la porte du jardin, et rentrèrent dans la maison par une porte latérale pour y chercher ce que Suzanne avait demandé, sans rien savoir des vieillards qui se tenaient cachés. A peine les servantes étaient-elles parties, qu'ils furent debout et lui dirent, en se jetant sur elle : "La porte du jardin est close, personne ne nous voit. Nous te désirons, cède et couche avec nous ! Si tu refuses, nous nous porterons témoins en disant qu'un jeune homme était avec toi et que tu avais éloigné tes servantes pour cette raison" » (Dn 13, 6-21). La suite de l'histoire se trouve dans vos bibles.

Il peut arriver qu'une mauvaise pensée survienne involontairement dans notre esprit. Ce n'est pas un péché. Cela est dû à l'activité naturelle de notre mémoire ou de la suggestion de l'Ennemi. La tentation non plus n'est pas un péché, à moins que l'on se soit volontairement mis dans des situations où l'on sait que l'on serait tenté. Le péché c'est quand volontairement on adhère à cette pensée, à cette tentation pour s'en complaire. Or, « nous faisons toute pensée captive pour l'amener à obéir au Christ » (2 Co 10, 5).

2.5. La masturbation

En créant l'homme et la femme, Dieu a aussi créé dans leur corps des zones érogènes, c'est-à-dire, des parties sensibles, susceptibles de produire un plaisir sexuel (organes génitaux, seins, etc.). Cependant, le plaisir sexuel est un fruit bel et bon lorsqu'il a pour objectif la communion des époux et l'ouverture à la vie. C'est pourquoi il ne peut être légitimement accueilli que dans le cadre du mariage.

On appelle masturbation, l'excitation volontaire des organes sexuels ou des autres zones érogènes, ordinairement avec la main ou à l'aide d'autres objets, afin d'en retirer un plaisir sexuel. Elle est aussi appelé plaisir solitaire, auto-érotisme, onanisme (cf. Gn 38, 9-10), « awoko », etc. Il y a aussi la masturbation à deux, entre copain-copine par exemple, où les organes génitaux d'une personne sont manipulés par l'autre. Quelle que soit sa forme, « tant le Magistère de l'Église, dans la ligne d'une tradition constante, que le sens moral des fidèles ont affirmé sans hésitation que la masturbation est un acte intrinsèquement et gravement désordonné »[39] parce qu'elle ne réalise ni union de personnes ni ouverture à la vie.

Plus d'un pourraient se demander pourquoi la masturbation est un péché, puisque celui ou celle qui s'y engage ne dérange personne, et de plus n'encourt pas de risque de grossesse ou d'infections sexuellement transmissibles. « C'est mon corps après tout, je peux en faire ce que je veux », dirait-on. C'est oublier que le critère pour qu'une action soit bonne ou mauvaise ne dépend pas du fait qu'on dérange autrui ou pas. Ce que l'homme fait dans le secret (cf. Mt 6, 3-5), dans ses pensées (cf. Mt 16, 23), dans son cœur (cf. Mt 15, 19), dans « son œil » (cf. Mt 18, 9) comptent devant Dieu. C'est oublier aussi que la masturbation est généralement accompagnée par toutes sortes de pensées impures, et souvent alimentée par la consommation de pornographie. Elle entraîne donc d'autres péchés.

« L'homme qui pèche sur sa propre couche et dit en son cœur : "Qui me voit ? L'ombre m'environne, les murs me protègent, personne ne me voit, que craindrais-je ? Le Très-Haut ne se souviendra pas de mes fautes". Ce qu'il craint ce sont les yeux des hommes, il ne sait pas que les yeux du Seigneur sont dix mille fois plus lumineux que le soleil, qu'ils observent toutes les actions des hommes et pénètrent dans les recoins les plus secrets » (Si 23, 18-19).

Et Jésus dit en particulier sur l'impureté : « Vous avez entendu qu'il a été dit : Tu ne commettras pas l'adultère. Eh bien ! Moi je vous dis : Quiconque regarde une femme pour la désirer a déjà commis, dans son cœur, l'adultère avec elle. Que si ton œil droit est pour toi une occasion de péché, arrache-le et jette-le

---

39. Congrégation pour la doctrine de la foi, *Déclaration Persona humana sur certaines questions d'éthique sexuelle*, n°9.

loin de toi : car mieux vaut pour toi que périsse un seul de tes membres et que tout ton corps ne soit pas jeté dans la géhenne. Et si ta main droite est pour toi une occasion de péché, coupe-la et jette-la loin de toi : car mieux vaut pour toi que périsse un seul de tes membres et que tout ton corps ne s'en aille pas dans la géhenne » (Mt 5, 27-30).

De nos jours, la masturbation est encouragée dans les médias (radio, télévision, journaux, magazines, Internet), par certains médecins et psychologues, enseignants, etc. Pour induire les gens en erreur, on présente souvent des statistiques de sa pratique par les hommes et les femmes suivant les pays pour justifier le fait qu'elle serait tout à fait biologiquement normale, un passage obligé pour tous les adolescents, une activité nécessaire pour être épanoui, ayant de surcroît des effets bénéfiques sur la santé. Toutes ces informations soit disant scientifiques sont fausses car elles n'ont pas de fondements objectifs. Elles traduisent plutôt la perversité de ceux qui les émettent.

A ce sujet, il faut remarquer d'une part que la fréquence du phénomène est due à la faiblesse humaine blessée par le péché originel, à la perte du sens du péché, aux nombreux efforts mobilisés pour la vulgarisation des vices à travers les médias, les spectacles, les boîtes de nuit, la mode, etc., et d'autre part, que le critère moral, c'est-à-dire, le critère d'une action bonne ou mauvaise, ne réside pas dans le nombre de personnes qui acceptent ou pratiquent cette action. C'est pourquoi la lettre aux Philippiens fait cette recommandation : « Travaillez avec crainte et tremblement à accomplir votre salut … Agissez en tout sans murmures ni contestations, afin de vous rendre irréprochables et purs, enfants de Dieu sans tache au sein d'une génération dévoyée et pervertie, d'un monde où vous brillez comme des foyers de lumière, en lui présentant la Parole de vie » (Ph 2, 12-16).

Certains se réfugient dans la masturbation parce qu'ils ont peur des personnes du sexe opposé, parce qu'ils sont de mauvaise humeur, parce qu'ils veulent diminuer leur nervosité, leurs angoisses, leur insécurité, oublier leur solitude ou un problème particulier. La masturbation devient une échappatoire qui peut les tranquilliser momentanément, mais qui ne peut jamais les satisfaire ou résoudre leurs problèmes. D'autres y sont poussés parce qu'ils s'adonnent à la pornographie, ou lorsqu'ils pensent à leur copain (copine). Dans tous les cas, la masturbation s'accompagne de pensées perverses qui sont aussi contre la chasteté.

Et là, les études scientifiques sérieuses dans le domaine de la psychologie montrent que pour les abonnés, le fait de ne pas pouvoir se masturber lorsqu'ils en ressentent le besoin engendre du stress, un comportement plus tendu, et parfois chez les hommes, des douleurs vives aux testicules. De plus, la masturbation provoque aussi bien chez les hommes que chez les femmes à long terme, un attachement désordonné (addiction, dépendance), une perte de maîtrise de soi, une certaine culpabilité.

Le recours à la masturbation est une recherche de plaisir pour soi plutôt qu'un signe de vrai amour. Lorsque des garçons et des filles se sont tellement habitués à utiliser leur sexualité de la sorte, pourquoi changeraient-ils subitement une fois mariés ? Certaines personnes ne se sentent plus attirées par les personnes de sexe opposée en vue du mariage parce qu'ils se suffisent à elles-mêmes du point de vue sexuel par la masturbation. D'autres se marient pour faire comme tout le monde, mais affectionnent aussi – voire plus – la masturbation à l'union avec leur conjoint(e) qui en souffre, puisque se sentant inutile, humilié(e), trahi(e), incapable de satisfaire son époux(se) qui préfère « se débrouiller tout seul ».

Signalons que les bébés ainsi que les petits enfants avant l'âge de la raison ne commettent pas de péché. Ils n'ont pas encore (pleinement) l'usage de la raison, de la conscience, de la liberté, et ne peuvent pas décider pour eux-mêmes.

La confession, la prière et la maîtrise de soi, le renoncement à la pornographie permettent de surmonter la masturbation, d'avoir une vision plus positive de son corps, de la sexualité et du vrai amour. « Considérez que vous êtes morts au péché et vivants à Dieu dans le Christ Jésus. Que le péché ne règne donc plus dans votre corps mortel de manière à vous plier à ses convoitises. Ne faites plus de vos membres des armes d'injustice au service du péché ; mais offrez-vous à Dieu comme des vivants revenus de la mort et faites de vos membres des armes de justice au service de Dieu » (Rm 6, 11-13).

2.6. La pornographie

On appelle images pornographiques des images ou des vidéos présentant des personnes nues, des organes génitaux ou d'autres zones érogènes, des scènes où des gens pratiquent réellement ou de façon simulée des jeux sexuels, produites afin de susciter chez d'autres personnes du plaisir ou des pensées luxurieuses. Ces images sont encore appelées images porno, images X, images obscènes, images adultes, images interdites aux moins de 18 ans, etc. La frontière entre images érotiques (images dites sexy, qui suscitent des pensées sexuelles, pas forcément de nues) et images pornographiques n'est pas nettement définissable. Ces images sont généralement diffusées dans des journaux, des magazines, dans des films au cinéma, les vidéo clubs, à la télévision, sur Internet (sites pornographiques, Facebook et autres réseaux sociaux, etc.), sur CD, DVD, cartes mémoires, clés USB, etc., gratuitement ou contre paiement d'une certaine somme d'argent.

Les images pornographiques possèdent une puissance redoutable. Celui ou celle qui s'investit dans ces images de nudité s'aperçoit très vite qu'il ne peut plus les oublier facilement. Elles le hantent et l'incitent à renouveler l'expérience. Très rapidement, il en devient esclave, dépendant, se surprenant à passer de plus en plus de temps devant ces images. La pornographie, comme la drogue, crée un besoin et pousse les individus à passer de la « pornographie douce » ou « soft core » pour rechercher du matériel plus excitant, plus violent, plus pervers, la « pornographie dure » ou « hard core ».

Comme toute drogue, il n'est pas aisé de s'en débarrasser. La pornographie influence à leur insu la vie psychique de ses consommateurs. Elle affecte désastreusement leur relation aux hommes et aux femmes qu'ils côtoient et interfère inconsciemment sur leur vie sentimentale et morale. A force de regarder du X, certaines personnes en viennent à se demander encore en quoi c'est un péché dans la mesure où « ça ne leur fait rien ». Lorsqu'on considère que les affiches publicitaires et les publicités à la télévision qui durent ordinairement quelques secondes tendent à déterminer ceux qui les voient à acheter un produit donné (voiture, contrat d'assurance, savon, téléphone, etc.), peut-on assurer qu'il est inoffensif de regarder un film pornographique de 90 ou de 120 minutes, de rester des longues heures exposé à des images ou à des séquences vidéo de sexe, même si par habitude et lassitude il arrive que l'on ne soit pas excité ? Et ce temps perdu ne pouvait-il pas être utilisé pour d'autres choses plus bénéfiques, plus constructives ?

La pornographie est et restera une offense grave contre la chasteté à plusieurs titres. D'abord, elle suscite chez celui qui regarde des mauvaises pensées. Par suite, l'exposition aux images pornographiques pousse tôt ou tard à la masturbation, à la fornication, à l'adultère, à l'homosexualité, au viol, etc. Or,

Jésus demande de s'éloigner du péché et de tout ce qui peut conduire au péché : « Quiconque regarde une femme pour la désirer a déjà commis, dans son cœur, l'adultère avec elle. Que si ton œil droit est pour toi une occasion de péché, arrache-le et jette-le loin de toi : car mieux vaut pour toi que périsse un seul de tes membres et que tout ton corps ne soit pas jeté dans la géhenne » (Mt 5, 28-29).

La pornographie est aussi une faute grave contre la société toute entière. Sa prolifération va de pair avec la dépravation des mœurs, car elle pousse les jeunes à faire très tôt des expériences sexuelles solitaires ou avec des partenaires, et les maintient dans cette mauvaise voie. Les adultes ne sont pas épargnés. Il suffit seulement de considérer ce qui se passe lorsqu'il y a une grossesse « non désirée » et de voir comment sont éduqués et pris en charge les enfants nés de ces unions indues.

La pornographie est encore une faute grave contre la pudeur, en ne préservant pas l'intimité des personnes, en dévoilant ce qui doit rester caché. Ceux qui choisissent de consommer des produits pornographiques marquent leur accord avec le principe même de l'industrie dite adulte, avec toutes les pratiques qui leur sont présentées, sachant bien que la plupart des acteurs sont payés pour être photographiés ou filmés, qu'ils doivent très souvent supporter des douleurs intenses avec le sourire pour réaliser certaines cènes, qu'ils sont traités comme des bêtes, des marchandises à procurer un plaisir rudimentaire. Or, « malheur à ceux qui appellent le mal bien et le bien mal, qui font des ténèbres la lumière et de la lumière les ténèbres, qui font de l'amer le doux et du doux l'amer » (Is 5, 20).

Par conséquent, la pornographie constitue un profit illicite pour tous les intervenants : acteurs, producteurs de films, distributeurs, promoteurs de magazines et de spectacles, commerçants, fournisseurs d'accès à Internet, etc. « Que servira-t-il donc à l'homme de gagner le monde entier, s'il ruine sa propre vie ? Ou que pourra donner l'homme en échange de sa propre vie ? » (Mt 16, 26) « Nul serviteur ne peut servir deux maîtres : ou il haïra l'un et aimera l'autre, ou il s'attachera à l'un et méprisera l'autre. Vous ne pouvez servir Dieu et l'Argent » (Lc 16, 13).

En outre, la pornographie plonge ses consommateurs dans l'illusion au sujet de la sexualité. Les filles et les femmes y sont toujours disponibles, prêtes à tout, acceptant d'être traitées sans affection, sans dialogue, sans délicatesse, sans pudeur, avec violence et mépris. Il n'y a jamais de défaillance sexuelle ou physique. Les rapports sexuels sont présentés comme incroyablement longs, infiniment plaisants, et toutes les formes de sexualité y sont présentes. Toutes les situations de la vie ordinaire sont transformées en situations érotiques.

Tout cela est loin de la réalité et contribue à détériorer l'image de la femme, réduite à un pur objet de plaisir, et à tromper au sujet du vrai amour qui implique la confiance, le respect, l'écoute et le don de l'un à l'autre. Cela contribue aussi à entretenir surtout chez les personnes de sexe masculin un complexe quant aux dimensions de leurs organes génitaux et à leurs performances sexuelles, enfin, à créer des troubles d'érection. La pornographie pervertit les sujets en les faisant fantasmer constamment partout où ils sont dès lors qu'ils voient des hommes ou des femmes, les rend agressifs, compulsifs, obsessionnels, additifs. Contre cela, dit saint Paul, « mortifiez donc vos membres terrestres : fornication, impureté, passion coupable, mauvais désirs, et la cupidité, qui est une idolâtrie ; voilà ce qui attire la colère divine sur ceux qui résistent. Vous-mêmes, vous vous conduisiez naguère de la sorte, quand vous viviez parmi eux. Eh bien ! À présent, vous aussi, rejetez tout cela » (Col 3, 5-8).

Certains couples qui ont invité la pornographie chez eux en pensant qu'elle serait bénéfique pour leur vie sexuelle n'ont pas tardé à réaliser que celle-ci est devenue catastrophique. Le fait de ne pas pouvoir reproduire les mêmes prouesses que celles réalisées par les acteurs de films X crée une certaine frustration, un complexe. De plus, au fil du temps, vient la dépendance, et les partenaires en viennent à ne trouver d'excitation qu'à travers la pornographie. Est-il réellement plaisant pour une femme, de constater que pour lui faire l'amour, son compagnon doive d'abord fantasmer sur d'autres corps que le sien, sur des images ? Naturellement non.

Peu à peu, le couple perd tout intérêt pour des relations sexuelles « conventionnelles », « normales », au profit de la masturbation et d'autres pratiques peu commodes, bien loin d'un échange romantique avec des caresses et de l'affection. Certaines femmes, pour faire plaisir à leur mari, en viennent à supporter des pratiques qu'elles ne cautionnent pas. D'autres refusent catégoriquement : c'est leur droit d'exiger le respect de leur corps. Dans tous les cas, pour combler l'insatisfaction, pour contenter la course aux performances et aux fantasmes, bonjour l'adultère, la fréquentation des prostitué(e)s, le viol, les violences sexuelles, et finalement le divorce. Or, « ce que Dieu a uni, l'homme ne doit point le séparer » (Mt 19, 6). Et « malheur au monde à cause des scandales ! Il est fatal, certes, qu'il arrive des scandales, mais malheur à l'homme par qui le scandale arrive ! » (Mt 18, 7)

Le scandale est plus grand lorsqu'on considère ses conséquences sur les enfants et les adolescents. Les plus jeunes sont davantage choqués par les films d'horreur, par les films de violence, les scènes de tuerie mais aussi et surtout par les images obscènes. En consommant de la pornographie, les parents multiplient les chances de l'accès de leurs enfants à la pornographie.

Car, en plus des images indécentes que proposent déjà la télévision et Internet, ces derniers peuvent tomber un jour ou l'autre sur la cachette du matériel X de leurs parents ou bien encore sur le code d'accès à la chaîne de télévision pornographique d'autant plus que les jeunes sont beaucoup plus doués que leurs parents en matière de technologie. Ils en deviendront dépendants dès leur jeune âge. Ces mêmes parents sont les premiers à s'affoler lorsqu'ils surprendront leurs enfants en bas âge essayer certaines choses avec leurs amis, leurs frères ou sœurs quand ils jouent sans surveillance.

Cette véritable instrumentalisation du corps de l'autre, en particulier du corps féminin n'est pas contrôlable. Aussi, nombre de dépendants projettent-ils leurs fantasmes sur leur conjoint, voire, et c'est dramatique, sur leurs propres enfants. Leur propre famille devient chair consommable. Nombre de dépendants, saturés par ces images qu'ils ne peuvent maîtriser, finissent par en être horrifiés. On ne devrait plus s'étonner d'entendre de plus en plus parler de cas de folles tombant enceintes dans nos rues, de cas de viols, de pères qui abusent de leur fille, de frères et sœurs d'une même famille qui couchent ensemble, etc.

Les personnes qui, poussées par la lassitude et le dégoût, sont parvenues à abandonner la pornographie au prix de nombreux efforts quotidiens, arrivent à retrouver la paix intérieure, la sérénité dans les relations avec les autres, l'affection dans leur couple. C'est pourquoi « nous vous y engageons, frères, reprenez les désordonnés, encouragez les craintifs, soutenez les faibles, ayez de la patience envers tous » (1 Th 5, 14). « La propagation de la pornographie et de la violence par les médias porte atteinte aux personnes et aux sociétés. Elle crée un problème urgent et exige des réponses réalistes de la part des individus et des communautés. Il faut sauvegarder le droit de chacun, des familles et de la société, à la vie privée, à la décence publique et à la protection des valeurs essentielles de la vie. L'autorité civile est tenue à prendre des dispositions rapides en vue d'affronter ce problème. Des lois saines doivent être promulguées, les lois ambiguës doivent être clarifiées, les lois existantes doivent être renforcées »[40].

2.7. Le viol

On appelle viol le fait de contraindre quelqu'un à des relations sexuelles par la violence ou par des menaces. Ce crime fait partie des actes dits de violence sexuelle, d'abus sexuel, d'agression sexuelle, etc. Les victimes sont généralement la gent féminine, mais souvent, des hommes sont concernés. Les auteurs de viols peuvent-ils s'appliquer cette maxime dite la règle d'or : « Ne fais à personne ce que tu n'aimerais pas subir » (Tb 4, 15) ?

« Au fond de sa conscience, l'homme découvre la présence d'une loi qu'il ne s'est pas donnée lui-même, mais à laquelle il est tenu d'obéir. Cette voix, qui ne cesse de le presser d'aimer et d'accomplir le bien et d'éviter le mal, au moment opportun résonne dans l'intimité de son cœur : "Fais ceci, évite cela". Car c'est une loi inscrite par Dieu au cœur de l'homme ; sa dignité est de lui obéir, et c'est elle qui le jugera. La dignité de l'homme exige de lui qu'il agisse selon un choix conscient et libre, mû et déterminé par une conviction personnelle et non sous le seul effet de poussées instinctives ou d'une contrainte extérieure »[41].

Le viol bafoue le droit de chacun au respect de sa dignité et de sa liberté. Il cause des dommages sur le corps et l'appareil

---

40. Cf. Conseil pontifical pour les communications sociales, *Pornographie et violence dans le média, une réponse pastorale*, n°21.28.

41. Concile Vatican II, *Constitution pastorale sur l'Église dans le monde de ce temps Gaudium et spes*, n°16-17.

génital de la victime en raison de la violence employée. Qui pis est, il crée des souffrances psychologiques et morales qui peut affecter la victime toute sa vie. Le viol est toujours un acte intrinsèquement mauvais. Plus grave encore est le viol commis sur des enfants, en particulier de la part des parents, de tuteurs ou d'éducateurs envers les enfants qui leur sont confiés.

Même entre personnes mariées, les relations sexuelles doivent se faire d'un commun accord, car elles expriment l'amour, le don d'une personne à l'autre. Entrepris sans amour, les rapports ne provoquent presque pas de plaisir chez la femme. De plus, si par cette union une nouvelle vie commence, l'enfant qui a été conçu sans amour, dans un contexte de disputes notoires, dans la violence conjugale naîtra et grandira avec des blessures psychologiques encore appelées blessures intra-utérines. C'est pourquoi certaines idées religieuses ou coutumières qui imposent à la femme d'accepter des rapports sexuels non désirés ou forcés sont moralement inacceptables. Ce sont par exemple : « Vos épouses sont pour vous un champ de labour ; allez à votre champ comme et quand vous le voulez et œuvrez pour vous-mêmes à l'avance » ; une femme ne doit jamais refuser son mari pour aucun prétexte ; l'homme a le droit de frapper sa femme si elle lui désobéit ; ou encore, la femme à sa mort ira au paradis seulement si elle a scrupuleusement satisfait à son mari pendant sa vie terrestre, etc.

Dans la même catégorie que les violences sexuelles, il y a aussi le mariage forcé, souvent précoce. « Tous les fidèles jouissent du droit de n'être soumis à aucune contrainte dans le choix d'un état de vie »[42], que ce soit pour le mariage, le sacerdoce ou la vie religieuse. C'est pourquoi la question principale à laquelle les fiancés doivent répondre au début de la célébration du mariage est celle-ci : « Vous allez vous engager l'un envers

---

42. Canon 219.

l'autre. Est-ce librement et sans contrainte ? ». Dans l'Église catholique, le mariage contracté sous l'effet de la violence ou de la
crainte grave externe, même si elle n'est pas infligée à dessein
est invalide[43].

Être complice d'un don de fille ou accepter une fille donnée
constitue toujours un péché grave[44]. « Aucun mariage ne peut
exister entre l'homme et la femme enlevée ou au moins détenue
en vue de contracter mariage avec elle, à moins que la femme,
une fois séparée de son ravisseur et placée en lieu sûr et libre, ne
choisisse spontanément le mariage »[45].

En outre, sans que ce ne soit à proprement parler des viols,
les attouchements sexuels, le harcèlement et l'abus d'autorité
sont à bannir. Les attouchements désignent le fait de toucher
sans permission ou contre son gré certaines parties du corps
d'une autre personne (seins, fesses, etc.) pour satisfaire ses
propres convoitises. Même avec permission, en dehors des
couples mariés, les caresses et touchers propres à créer des dangers de péché ou des excitations sexuelles sont à éviter.

Le harcèlement sexuel quant à lui consiste à agacer une personne par des gestes, paroles et comportements souvent accompagnés de chantage pour l'obliger à consentir à des unions charnelles. Enfin, l'abus d'autorité est le fait d'user de son rang social, de son autorité, de sa fonction, pour des intérêts personnels,
notamment pour obtenir facilement des faveurs sexuelles. C'est
le cas par exemple des enseignants envers leurs élèves, des employeurs envers leurs employés, des patrons envers leurs subalternes, de tout responsable envers ceux dont il a la charge.

---

43. Cf. Canon 1103.

44. Cf. Jean-Marie Untaani COMPAORE, *Sel et lumière du monde :
lettre pastorale post-synodale*, n° 30, juin 1999.

45. Canon 1089.

Par ailleurs, certaines études ont montré qu'il existe une grande corrélation entre agressions sexuelles (le viol en particulier) et la la pornographie[46]. En effet, la sexualité y est montrée comme une domination de la femme, considérée comme « le sexe faible ». Les hommes se doivent de prouver leur virilité, en ne montrant ni faiblesse ni pitié ni tendresse pour leurs partenaires qui semblent s'en réjouir. Il y a de plus en plus de scènes de violence et de viols dans le milieu pornographique, même dans les films grand public[47]. Tout cela formate les cerveaux à enregistrer que le viol est normal, et que les femmes aiment bien qu'on les viole[48]. En conséquence, il est illusoire de combattre la pédophilie et le viol uniquement par des lois pénales sophistiquées si la lutte ne concerne pas aussi et surtout la pornographie et d'une façon générale la dépravation des mœurs.

---

46. Certains chercheurs disculpent la pornographie en essayant de montrer au contraire qu'il n'y a pas de lien significatif : les plaintes en justice de cas d'agressions sexuelles dans plusieurs pays n'ont pas augmenté au même rythme que la disponibilité de la pornographie dont la consommation n'a fait que s'accentuer. Toutefois, force est de constater que les crimes sexuels sont de loin les crimes les moins signalés à la police ou à la justice. En janvier 2020, en France un livre a défrayé la chronique. Sarah Abitbol, patineuse, plusieurs fois championne de France publie aux éditions Plon, *Un si long silence* où à 44 ans, elle révèle avoir été violée pendant deux ans à l'âge de 15 ans par son ancien entraîneur : « Il aura fallu trente ans pour que ma colère cachée se transforme enfin en cri public. Vous avez détruit ma vie, monsieur O., pendant que vous meniez tranquillement la vôtre... Quand j'ai voulu parler, à plusieurs reprises, je n'ai pas pu le faire ». La grande majorité des victimes n'oseront pas évoquer l'horreur qu'elles ont vécu à des proches, à plus forte raison aux structures judiciaires.

47. AFREG, *Une sexualité phallocratique et violente*, http://pornodependance.com/representations1.htm

48. Voici une phrase de Robin Morgan (1980) qui est devenue célèbre : « Pornography is the theory, and rape is the practice » : « La pornographie est la théorie, le viol est la pratique ».

Enfin, les jeunes filles et les dames sont appelées à la modestie dans leur habillement, à la prudence dans la fréquentation de certains lieux et de certaines personnes. Les personnes victimes d'abus sexuels doivent être quant à elles entourées de compassion et d'affection. Elles chercheront des personnes crédibles à qui elles pourront se confier, qui les aideront à retrouver confiance en elles-mêmes et en Dieu, et à envisager sereinement l'avenir. « Un ami fidèle est un puissant soutien : qui l'a trouvé a trouvé un trésor » (Si 6, 14).

Remarque importante : on ne doit pas avorter en cas de viol !

Le viol est toujours une expérience traumatisante pour la victime qui peut la marquer toute sa vie. Bien plus, lorsqu'une grossesse survient après un viol, la victime et son entourage (en général les parents) sont davantage troublés, et peuvent penser légitime de recourir à l'avortement pour faire disparaître cette grossesse non désirée, surtout quand la loi civile le permet ouvertement[49], d'autant plus que l'enfant qui naîtra les rappellera à tout moment qu'un incident malheureux s'est produit, souvent avec un inconnu.

Cependant, l'enfant qui a été engendré est quand même un être humain, créé à l'image et à la ressemblance de Dieu. C'est un innocent sans défense, qui n'a jamais souhaité que sa mère soit violée, qui n'a pas demandé à être là. Il est là. Il demande à vivre, à être protégé, à ne pas être tué. C'est pourquoi la solution à ce drame exige une profonde réflexion qui va au-delà des solutions de facilités qui n'en sont pas.

---

49. C'est le cas dans les pays où l'avortement est légalisé. Au Burkina, l'avortement en cas de viol est malheureusement autorisé par le code pénal (article 387). Cependant, en toutes circonstances, « il faut obéir à Dieu plutôt qu'aux hommes » (Ac 5, 29).

L'avortement, même en cas de viol, n'est pas moralement acceptable. C'est commettre un second crime dans le sein de la victime, le premier étant la violence exercée par l'agresseur. C'est rendre le mal pour le mal (cf. 1 Th 5, 15 ; 1 P 3, 9). Est très condamnable l'attitude de certains médecins d'inscrire systématiquement des produits abortifs sur l'ordonnance médicale lorsqu'ils ont affaire à une patiente violée, de leur propre initiative, à l'insu même de la victime ou de ses parents, ou sur leur demande.

Les témoignages montrent que les femmes qui ont eu recours à l'avortement ou qui ont eu à le subir dans de tels cas souffrent bien plus des conséquences médicales et psychologiques de l'avortement que du souvenir du viol lui-même.

La mère et son entourage devraient être soutenus sur tous les plans (moral, spirituel, matériel, économique, psychologique, social) pour surmonter cette épreuve fort pénible tout en refusant l'avortement par un sursaut de foi et de crainte de Dieu. C'est là aussi une façon de porter sa croix à la suite du Christ (cf. Mt 10, 38).

2.8. La prostitution

On appelle prostitution le fait pour un homme ou une femme d'accepter une pratique sexuelle quelconque contre de l'argent, des biens matériels ou quelque avantage (obtention d'un emploi, d'une promotion, attribution d'un marché, etc.). Certaines personnes en ont fait leur métier. La prostitution est encore appelée « relation tarifée », commerce de sexe, etc. Dans le milieu scolaire et estudiantin, on a inventé le concept de NST : Notes Sexuellement Transmissibles. La prostitution serait le plus vieux métier du monde. Elle s'est sophistiquée au fil des années : Internet et les réseaux sociaux (Youtube, Facebook, Twitter, etc.) sont désormais utilisés pour augmenter la clientèle.

La pratique de la prostitution est une forme grave de fornication ou d'adultère voire d'homosexualité, car celui ou celle qui se prostitue est réduit(e) au plaisir qu'on tire de lui (d'elle) et bien plus, est assimilé(e) à une simple marchandise. Les relations sexuelles devraient être la donation personnelle, totale et gratuite des époux l'un à l'autre en signe d'amour. Les personnes qui se prostituent sont généralement les femmes, mais on y trouve aussi des hommes, des enfants et des adolescents. Parmi les nombreuses causes de prostitution, on peut citer principalement la pauvreté, le chômage et certaines situations familiales[50] :

- l'insouciance de certains parents pour l'éducation de leurs enfants ;

- l'irresponsabilité des hommes à l'égard de leurs épouses ;

- les femmes ménagères sans revenu ;

- les filles ayant perdu leur père ou leur mère ou expulsées de la maison paternelle pour diverses raisons et laissées à elles-mêmes ;

- les veuves sans ressources avec des enfants ;

- les concubines ayant perdu leur amant ou ayant été rejetées, parfois avec des enfants ;

- les filles aînées, orphelines de père et de mère, devant subvenir aux besoins de leurs frères et sœurs ;

---

50. D'après Père François SEDGO, *Prévention SIDA et éducation chrétienne de la sexualité humaine.*

- les filles se voyant dans l'obligation d'apporter une aide financière à leurs parents âgés ou infirmes ;

- la dislocation de la grande famille en ville ;

- la révolte contre ses parents ou contre son conjoint ;

- l'amour de l'argent, l'envie d'imiter les autres, de vivre à la mode (avoir la dernière moto, une belle voiture, une grande villa, un téléphone ou une tablette dernier cri, etc.) ;

- le fait de vouloir décrocher à tout prix un diplôme, stage, un emploi, une promotion, un marché ;

- une profonde déception sentimentale, et particulièrement le fait d'avoir subi des abus sexuels à son enfance : la personne qui se prostitue recherche désespérément à retrouver un amour idéalisé et déçu, à combler une attente non remplie, ou à se venger ;

- la perte des valeurs morales : ceux qui se sont habitués au vagabondage sexuel n'hésitent pas à solliciter celles qu'ils rencontrent contre rémunération.

Quelles que soient les raisons qui poussent à « la prostitution, comportement que la morale chrétienne a toujours considéré comme un acte gravement immoral »[51], force est de constater que certaines personnes qui traversent les mêmes difficultés choisissent héroïquement de ne pas se prostituer. Les chrétiens en particulier doivent se rappeler qu'ils ne sont pas exempts de la pauvreté et des difficultés et que leur maître, Jésus, a beaucoup souffert ; il est même né dans une grotte d'animaux, emmailloté et couché dans une mangeoire ! Et « le disciple n'est

---

51. Congrégation pour la doctrine de la foi, *Note sur la banalisation de la sexualité à propos de certaines interprétations de "lumière du monde"* (21 décembre 2010).

pas plus grand que son maître ! » (Lc 6, 40). « Si nous accueillons le bonheur comme un don de Dieu, comment ne pas accepter de même le malheur ? » (Jb 2, 10)

C'est en travaillant honnêtement pour améliorer son sort – car « si quelqu'un ne veut pas travailler, qu'il ne mange pas non plus » (2 Th 3, 10), dit saint Paul, – et en s'abandonnant patiemment à la Providence par une prière assidue (cf. Mt 6, 24-34) que l'on peut trouver dignement une issue heureuse et durable à ses problèmes. Jésus a fait l'éloge de la pauvre veuve qui a mis dans le tronc du Temple deux piécettes, étant tout ce qu'elle avait pour vivre, parce qu'elle avait foi que dans son indigence, Dieu lui-même se préoccuperait de lui trouver de quoi vivre (cf. Mc 12, 41-44).

Les plus sceptiques pourraient se demander si la prostitution ne serait pas louable lorsque ses fruits servent à de bonnes œuvres (honorer des ordonnances, payer des scolarités, nourrir une famille, etc.). « Une intention bonne (par exemple : aider le prochain) ne rend ni bon ni juste un comportement en lui-même désordonné (comme le mensonge et la médisance). La fin ne justifie pas les moyens. Il y a des actes qui par eux-mêmes et en eux-mêmes, indépendamment des circonstances et des intentions, sont toujours gravement illicites en raison de leur objet ; ainsi le blasphème et le parjure, l'homicide et l'adultère. Il n'est pas permis de faire le mal pour qu'il en résulte un bien »[52].

L'argent issu de la prostitution a toujours été considéré comme de l'argent sale : « Tu n'apporteras pas à la maison de Yahvé ton Dieu le salaire d'une prostituée ni le paiement d'un chien [= d'un prostitué], quel que soit le vœu que tu aies fait : car tous deux sont en abomination à Yahvé ton Dieu » (Dt 23, 19). Ainsi, les prostituées et tous ceux qui obtiennent quelque profit de la prostitution (proxénètes, intermédiaires entre les

---

52. *Catéchisme de l'Église Catholique*, n°1753.1756

prostituées et les clients, propriétaires de chambres de passes, propriétaires de maquis et de débits de boissons qui favorisent volontairement la présence de prostituées dans ces lieux, etc.) doivent travailler avec empressement à leur conversion, surtout s'ils sont baptisés.

Les clients des prostituées courent de grands risques pour leurs finances en dilapidant les biens de leur famille : un premier passage chez les prostituées, puis un deuxième … On y prend goût, on en devient esclave, on s'enfonce dans le vice, on ne sait plus comment s'en sortir. D'où ce conseil de l'Ecclésiastique : « Ne te livre pas aux mains des prostituées : tu y perdrais ton patrimoine » (Si 9, 6). Attention donc à la fréquentation des boîtes de nuits, de certains bars, à l'alcoolisme, aux mauvaises compagnies et à la mauvaise gestion des problèmes personnels, professionnels ou familiaux. Car, l'alcool et le sexe n'ont jamais été des solutions au stress, aux situations angoissantes et aux conflits conjugaux. Au contraire, ils les aggravent.

La fréquentation des prostituées semble être le canal par lequel se perd aussi l'argent facilement ou malhonnêtement acquis (gains de loterie, vols, détournements, vente de drogue, etc.). L'enfant prodigue, à peine a-t-il reçu la moitié de l'héritage de son père qu'il a exigé de son vivant, s'empressa de le dilapider avec des prostituées au point de ne plus avoir de quoi manger (cf. Lc 15, 11-32). La prostitution est aussi le lieu par excellence de propagation du SIDA et des autres Infections Sexuellement Transmissibles.

La cause principale de la prostitution est la misère matérielle ou morale. Or, le souci du pauvre est constant dans tous les livres de la Bible. On entend par exemple de la part de Jésus : « Lorsque tu donnes un festin, invite des pauvres, des estropiés, des boiteux, des aveugles ; heureux seras-tu alors de ce qu'ils n'ont pas de quoi te le rendre ! Car cela te sera rendu lors de la résurrection des justes » (Lc 14, 13-14). Non seulement il faut aider les pauvres de toute sorte sans rien attendre en retour, mais aussi, il ne faut jamais profiter, pas même sexuellement, de leur infortune : « Si ton frère qui vit avec toi tombe dans la gêne et s'avère défaillant dans ses rapports avec toi, tu le soutiendras à titre d'étranger ou d'hôte et il vivra avec toi. Tu ne lui donneras pas d'argent pour en tirer du profit ni de la nourriture pour en percevoir des intérêts » (Lv 25, 35.37). « Tu n'exploiteras pas ton prochain et ne le spolieras pas » (Lv 19, 13).

De plus, parmi les bonnes œuvres en faveur des pauvres, figure en bonne place la fourniture de vêtements pour cacher leur nudité, les protéger contre les intempéries et leur donner une dignité dans la société. Dans le livre de la Genèse, un certain cultivateur « ayant bu du vin, fut enivré et se dénuda à l'intérieur de sa tente. Cham, père de Canaan, vit la nudité de son père et avertit ses deux frères au-dehors. Mais Sem et Japhet prirent le manteau, le mirent tous deux sur leur épaule et, marchant à reculons, couvrirent la nudité de leur père ; leurs visages étaient tournés en arrière et ils ne virent pas la nudité de leur père » (Gn 9, 21-23). Au jour du jugement, Jésus dira aux uns : « Venez, les bénis de mon Père j'ai eu faim et vous m'avez donné à manger, j'étais nu et vous m'avez vêtu » et aux autres : « Allez loin de moi, maudits, dans le feu éternel qui a été préparé pour le diable et ses anges car j'ai eu faim et vous ne m'avez pas donné à manger, j'étais nu et vous ne m'avez pas vêtu. Dans la mesure où vous ne l'avez pas fait à l'un de ces plus petits, à moi non plus vous ne l'avez pas fait » (cf. Mt 25, 31-46). A quoi devraient s'attendre alors ceux qui, au lieu de « tirer l'exploité des mains de l'oppresseur » (Jr 21, 12), au lieu d'aider les prostituées à recouvrer leur dignité contribuent au contraire à les maintenir dans le métier et les déshabillent indûment ?

Dans le sens de la parabole du bon Samaritain (cf. Lc 10, 30-37), les prostituées sont ce demi-mort moralement et spirituellement, roué de coups (sexuels), dépouillé de ses vêtements, de sa dignité, gisant sur notre chemin, dont les gens « biens » n'osent pas s'approcher de peur de se souiller, et qu'ils indexent, accusent, condamnent en passant de l'autre côté de la route. Elles cherchent pourtant une main secourable pour les conseiller et les relever. Certaines d'entre elles vivent dans le déni : « c'est mon choix, j'aime ce métier, chacun sa liberté, c'est parce qu'il y a la clientèle qu'on est là, etc. ». D'autres au contraire reconnaissent et déplorent leurs conditions de vie terribles, le rejet de leur famille, les clients violents, les humiliations reçues, l'exploitation par les proxénètes, les maladies, les douleurs, les séquelles de l'avortement et des fausses couches, l'usage de la drogue pour noyer les soucis, la perte d'estime de soi, une vision très négative des hommes, la perte du sens de la vie, la difficulté de s'en sortir et de voir un lendemain meilleur, etc. Nos prières au moins peuvent les accompagner. De nombreux témoignages montrent que la conversion est possible.

« L'homme mangera à la sueur de son front » (cf. Gn 3, 19) et non à la sueur de son sexe. Bref, « la racine de tous les maux, c'est l'amour de l'argent. Pour s'y être livrés, certains se sont égarés loin de la foi et se sont transpercé l'âme de tourments sans nombre. Pour toi, homme de Dieu, fuis tout cela. Poursuis la justice, la piété, la foi, la charité, la constance, la douceur. Combats le bon combat de la foi, conquiers la vie éternelle à laquelle tu as été appelé et en vue de laquelle tu as fait ta belle profession de foi en présence de nombreux témoins » (1 Tm 6, 10-12).

2.9. L'homosexualité

On appelle rapports homosexuels, des rapports sexuels entre un homme et un autre homme, ou bien entre une femme et une autre femme. Les personnes concernées sont appelées diversement : homosexuels, gays, lesbiennes (pour les femmes). L'appellation « pédéraste » (« pédé » pour les hommes), bien que répandue est considéré dans certains pays comme une injure aux homosexuels et passible de poursuites judiciaires. Ce sujet est préoccupant d'autant plus que le mariage homosexuel est légalisé dans certains pays occidentaux qui tentent de le faire accepter par des pressions politiques et économiques en Afrique.

En créant l'homme et la femme à son image (cf. Gn 1, 27), Dieu souligne la complémentarité naturelle des sexes qui se manifeste notamment dans le don de la vie (procréation) et le don de soi dans le mariage. Quoi qu'ils fassent, deux hommes ne se complètent pas, et ne peuvent pas donner naissance à un enfant. De même, quoi qu'elles fassent, deux femmes ne se complètent pas, et ne peuvent pas concevoir d'enfants. C'est pourquoi l'homosexualité est appelée le péché contre-nature.

L'homosexualité est un péché très grave, associé dans la Bible à la ville de Sodome qui fut détruite par un feu de soufre. « Les gens de Sodome, depuis les jeunes jusqu'aux vieux, tout le peuple sans exception » ont en effet démontré leurs habitudes sexuelles quand ils dirent à Lot : « Où sont les hommes qui sont venus chez toi cette nuit ? Amène-les nous pour que nous en abusions » (Gn 19, 4-5).

Dans l'Ancien Testament, cette pratique, ainsi que la zoophilie (rapports avec les animaux) était déjà une horreur : « Tu ne coucheras pas avec un homme comme on couche avec une femme. C'est une abomination. Tu ne donneras ta couche à aucune bête ; tu en deviendrais impur. Une femme ne s'offrira pas à un animal pour s'accoupler à lui. Ce serait une souillure. Ne vous rendez impurs par aucune de ces pratiques : c'est par elles que se sont rendues impures les nations que je chasse devant vous » (Lv 18, 22-24).

La punition correspondante prescrite par Moïse était la peine de mort : « L'homme qui couche avec un homme comme on couche avec une femme : c'est une abomination qu'ils ont tous deux commise, ils devront mourir, leur sang retombera sur eux. L'homme qui donne sa couche à une bête : il devra mourir et vous tuerez la bête » (Lv 20, 13.15).

Dans sa lettre aux Romains, saint Paul montre que le refus de Dieu, l'adoration de la créature au lieu du Créateur est la cause de passions avilissantes : « leurs femmes ont échangé les rapports naturels pour des rapports contre nature ; pareillement les hommes, délaissant l'usage naturel de la femme, ont brûlé de désir les uns pour les autres, perpétrant l'infamie d'homme à homme et recevant en leurs personnes l'inévitable salaire de leur égarement. Connaissant bien pourtant le verdict de Dieu qui déclare dignes de mort les auteurs de pareilles actions, non seulement ils les font, mais ils approuvent encore ceux qui les commettent » (Rm 1, 26-27.32).

Saint Paul interpelle aussi les Corinthiens sur la gravité du péché d'impureté, particulièrement le péché contre-nature en disant : « Ne savez-vous pas que les injustes n'hériteront pas du Royaume de Dieu ? Ne vous y trompez pas ! Ni les fornicateurs, ni les idolâtres, ni les adultères, ni les efféminés, ni les pédérastes, ni voleurs, ni cupides, pas plus qu'ivrognes, insulteurs ou rapaces, n'hériteront du Royaume de Dieu » (1 Co 6, 9-10).

Enfin, à Tite, Paul fait allusion de l'homosexualité en parlant de la Loi de Moïse : « Certes, nous le savons, la Loi est bonne, si on en fait un usage légitime, en sachant bien qu'elle n'a pas été instituée pour le juste, mais pour les insoumis et les rebelles, les impies et les pécheurs, les sacrilèges et les profanateurs, les parricides et les matricides, les assassins, les fornicateurs, les homosexuels, les trafiquants d'hommes, les menteurs, les parjures, et pour tout ce qui s'oppose à la saine doctrine, celle qui est conforme à l'Évangile de la gloire du Dieu bienheureux, qui m'a été confié » (1 Tm 1, 8-10).

Les actes homosexuels font partie des quatre « péchés qui crient vengeance » parce que si graves et si manifestes qu'ils provoquent Dieu à les punir par de plus sévères châtiments[53]. En effet, « la colère de Dieu se révèle du Ciel contre toute impiété et toute injustice des hommes qui, par leur injustice, retiennent la vérité captive » (Rm 1, 18).

Malgré toutes ces paroles claires et limpides de l'Écriture, force est de constater qu' « un nombre non négligeable d'hommes et de femmes présente des tendances homosexuelles

---

53. Les quatre péchés qui « crient vengeance » sont :

a) L'homicide volontaire, en particulier l'avortement : « Qu'as-tu fait ! Écoute le sang de ton frère crier vers moi du sol ! » (Gn 4, 10) ; « Ils crièrent d'une voix puissante : Jusques à quand, Maître saint et vrai, tarderas-tu à faire justice, à tirer vengeance de notre sang sur les habitants de la terre ? » (Ap 6, 10) « Que sous nos yeux les païens connaissent la vengeance du sang de tes serviteurs qui fut versé ! » (Ps 78(79), 10).

b) Le péché impur contre l'ordre de la nature (homosexualité, sodomie) : « Les gens de Sodome étaient de grands scélérats et pécheurs contre Yahvé » (Gn 13, 13). « A titre d'exemple pour les impies à venir, Dieu a mis en cendres et condamné à la destruction les villes de Sodome et de Gomorrhe, s'il a délivré Lot, le juste, qu'affligeait la conduite débauchée de ces hommes criminels – car ce juste qui habitait au milieu d'eux torturait jour après jour son âme de juste à cause des œuvres iniques qu'il voyait et entendait » (2 P 2, 6-8).

c) L'oppression des pauvres : « Vous ne maltraiterez pas une veuve ni un orphelin. Si tu le maltraites et qu'il crie vers moi, j'écouterai son cri ; ma colère s'enflammera et je vous ferai périr par l'épée : vos femmes seront veuves et vos fils orphelins » (Ex 22, 21-23) ; « Ainsi parle Yahvé : Rendez chaque matin droite justice et tirez l'exploité des mains de l'oppresseur. Sinon ma fureur va jaillir comme un feu et brûler, sans personne pour l'éteindre, à cause de la méchanceté de vos actions » (Jr 21, 12).

d) La fraude sur le juste salaire du travailleur : « Voyez : le salaire dont vous avez frustré les ouvriers qui ont fauché vos champs, crie, et les clameurs des moissonneurs sont parvenues aux oreilles du Seigneur des Armées » (Jc 5, 4).

foncières. Cette propension, objectivement désordonnée, constitue pour la plupart d'entre eux une épreuve. Ils doivent être accueillis avec respect, compassion et délicatesse. On évitera à leur égard toute marque de discrimination injuste. Ces personnes sont appelées à réaliser la volonté de Dieu dans leur vie, et si elles sont chrétiennes, à unir au sacrifice de la croix du Seigneur les difficultés qu'elles peuvent rencontrer du fait de leur condition. Les personnes homosexuelles sont appelées à la chasteté. Par les vertus de maîtrise, éducatrices de la liberté intérieure, quelquefois par le soutien d'une amitié désintéressée, par la prière et la grâce sacramentelle, elles peuvent et doivent se rapprocher, graduellement et résolument, de la perfection chrétienne »[54].

Toutefois, « aujourd'hui, un nombre toujours croissant de gens, même à l'intérieur de l'Église, exercent une très forte pression sur elle pour l'amener à accepter la condition homosexuelle comme si elle n'était pas désordonnée et à légitimer les actes homosexuels. Ceux qui, au sein de la Communauté croyante, exercent ainsi une pression, ont souvent des liens étroits avec ceux qui agissent en dehors d'elle. Or ces groupes extérieurs sont mus par une vision opposée à la vérité sur la personne humaine, telle qu'elle nous a été pleinement révélée dans le mystère du Christ. Ils reflètent, même si ce n'est pas de façon entièrement consciente, une idéologie matérialiste qui dénie à la personne humaine sa nature transcendante non moins que la vocation surnaturelle de chaque homme.

Les ministres de l'Église doivent veiller à ce que les personnes homosexuelles qui sont confiées à leur charge, ne soient pas induites en erreur par ces opinions si profondément opposées à l'enseignement de l'Église. Toutefois le risque est grand et il y en a beaucoup qui cherchent à créer la confusion à propos de

---

54. *Catéchisme de l'Église Catholique*, n°2358-2359.

la position de l'Église et à exploiter cette confusion à leurs propres fins. L'Église ne peut manquer de se préoccuper de tout cela et maintient donc fermement à ce sujet sa position claire, qui ne peut être modifiée sous la pression de la législation civile ou de la mode du moment.

Les personnes homosexuelles sont appelées, comme tout chrétien, à vivre la chasteté. Si elles s'attachent assidûment à comprendre la nature de l'appel personnel de Dieu à leur égard, elles seront en état de célébrer plus fidèlement le sacrement de pénitence et de recevoir la grâce du Seigneur qui y est généreusement offerte, pour pouvoir, en le suivant, se convertir plus pleinement »[55]. « Soumettez-vous donc à Dieu ; résistez au diable et il fuira loin de vous. Approchez-vous de Dieu et il s'approchera de vous. Purifiez vos mains, pécheurs ; sanctifiez vos cœurs, gens à l'âme partagée » (Jc 4, 7-8).

2.10. La sexualité anale et orale

Dans sa lettre aux Romains, saint Paul fustige le comportement de certains habitants de la ville de Rome : « leurs femmes ont échangé les rapports naturels pour des rapports contre nature ; pareillement les hommes, délaissant l'usage naturel de la femme, ont brûlé de désir les uns pour les autres, perpétrant l'infamie d'homme à homme et recevant en leurs personnes l'inévitable salaire de leur égarement. Connaissant bien pourtant le verdict de Dieu qui déclare dignes de mort les auteurs de pareilles actions, non seulement ils les font, mais ils approuvent encore ceux qui les commettent » (Rm 1, 26-27.32).

---

55. Congrégation pour la doctrine de la foi, *Lettre aux évêques de l'Église catholique sur la pastorale à l'égard des personnes homosexuelles*, n°8.9.11.

« L'usage naturel » dont il est question ici interdit en même temps la sexualité anale (sodomie) et la sexualité orale, même entre un homme et une femme. Ceux qui y ont recours les considèrent comme des alternatives aux unions sexuelles normales, sans risque de grossesse. Toutefois, ils sont illicites parce que là aussi, le plaisir sexuel est recherché pour lui-même, isolé des finalités de procréation et d'union.

La sexualité anale ou sodomie[56] est un comportement sexuel qui consiste à introduire dans l'anus du ou de la partenaire le sexe masculin ou un autre objet. Il est à noter que le muscle de l'anus (sphincter) n'est pas aussi souple que le sexe féminin d'où les douleurs que ressentent la plupart de ceux qui s'adonnent à la sexualité anale malgré l'utilisation de lubrifiants. La distension de ce muscle peut provoquer des micro-coupures, des saignements, ou des fissures anales. Il arrive souvent que chez certaines personnes qui pratiquent la sodomie, le sphincter (le muscle anal) lâche et ne soit plus en mesure de retenir les selles et les gaz. Ces personnes sont alors obligées de porter tout le temps des couches pour contenir les selles.

De plus, la muqueuse du rectum est fragile et poreuse aux virus et bactéries. Elle a la propriété dont tirent parti les suppositoires, d'absorber les substances déposées dans le rectum. En conséquence, elle est un terrain plus propice aux échanges des infections sexuellement transmissibles, notamment du SIDA. C'est pourquoi les plus forts taux d'infection au VIH et aux ma-

---

56. Ce mot vient du nom de la ville de Sodome qui fut détruite à cause des agissements de ses habitants : « Ils appelèrent Lot et lui dirent : "Où sont les hommes qui sont venus chez toi cette nuit ? Amène-les nous pour que nous en abusions." Lot sortit vers eux à l'entrée et, ayant fermé la porte derrière lui, il dit : "Je vous en supplie, mes frères, ne commettez pas le mal ! Écoutez : j'ai deux filles qui sont encore vierges, je vais vous les amener : faites-leur ce qui vous semble bon, mais, pour ces hommes, ne leur faites rien, puisqu'ils sont entrés sous l'ombre de mon toit." » (Gn 19, 5-8)

ladies sexuellement transmissibles, ainsi que de cancer anal se retrouvent dans les milieux d'homosexuels masculins.

La sexualité orale quant à elle désigne les formes de sexualité dans lesquelles le sexe d'une personne est stimulé par la bouche, la langue ou les lèvres d'une autre personne ou d'elle-même. Ces pratiques sont encore appelées fellation, auto-fellation, cunnilingus, « pipes », « sucer », etc. On parle d'anulingus pour désigner la stimulation de l'anus par la langue.

Toutes ces pratiques tant colportées par la pornographie et les médias ne sont pas sans risque sur le plan médical. Les personnes qui s'y adonnent ont régulièrement des problèmes de gorge, des angines persistantes, etc. Ces personnes sont aussi exposées à la propagation d'infections sexuellement transmissibles à travers leur bouche (le VIH-SIDA mais aussi la syphilis, l'herpès, les condylomes, les chlamydiaes, les gonorrhées, plusieurs types d'hépatites), et à long terme, au cancer de gorge ou de la bouche.

Le cas des pratiques homosexuelles a été discuté précédemment. Une fille ne peut pas accepter la sexualité anale ou orale comme alternative pour garder sa virginité. La chasteté c'est tout un état d'esprit. Que l'on se souvienne seulement de cette consigne : « Quant à la fornication, à l'impureté sous toutes ses formes, ou encore à la cupidité, que leurs noms ne soient même pas prononcés parmi vous : c'est ce qui sied à des saints » (Ep 5, 3).

2.11. La zoophilie

La zoophilie ou bestialité désigne tout commerce sexuel avec des animaux. Cette abomination est condamnée à plusieurs reprises dans la Bible, accompagnée d'une malédiction :

- « Quiconque s'accouple avec une bête sera mis à mort » (Ex 22, 18) ;

- « L'homme qui donne sa couche à une bête : il devra mourir et vous tuerez la bête. La femme qui s'approche d'un animal quelconque pour s'accoupler à lui : tu tueras la femme et l'animal. Ils devront mourir, leur sang retombera sur eux » (Lv 20, 15-16) ;

- « Tu ne donneras ta couche à aucune bête ; tu en deviendrais impur. Une femme ne s'offrira pas à un animal pour s'accoupler à lui. Ce serait une souillure. Ne vous rendez impurs par aucune de ces pratiques : c'est par elles que se sont rendues impures les nations que je chasse devant vous » (Lv 18, 23-24) ;

- « Maudit soit celui qui couche avec quelque bête que ce soit. – Et tout le peuple dira : Amen » (Dt 27, 21).

La zoophilie est une insulte au créateur qui créa l'homme et la femme, à son image et à sa ressemblance en leur donnant cet ordre : « Soyez féconds, multipliez, emplissez la terre et soumettez-la ; dominez sur les poissons de la mer, les oiseaux du ciel et tous les animaux qui rampent sur la terre » (Gn 1, 28). Ces différents animaux, Dieu les avait créés en couple, pour qu'eux aussi se reproduisent. Il les avait amenés à Adam pour qu'il leur donne un nom, c'est-à-dire, pour que l'homme voie leur diversité et marque sa responsabilité et son autorité sur toutes ces créatures. Même là, « l'homme donna des noms à tous les bestiaux, aux oiseaux du ciel et à toutes les bêtes sauvages, mais, pour un homme, il ne trouva pas l'aide qui lui fût assortie » (Gn 2, 20), c'est-à-dire, qu'il ne trouve pas son vis-à-vis, son autre moitié. Par contre, lorsque Dieu fit la femme avec la côte d'Adam et la lui amena, celui-ci s'écria : « Pour le coup, c'est l'os de mes os et la chair de ma chair ! Celle-ci sera appelée "femme", car elle fut tirée de l'homme, celle-ci ! » (Gn 2, 23).

En termes clairs, l'homme est fait pour la femme, et la femme est faite pour l'homme. « C'est pourquoi l'homme quitte son père et sa mère et s'attache à sa femme, et ils deviennent une seule chair[57] » (Gn 2, 24). La zoophilie est aussi une injure à l'espèce humaine, car les personnes qui s'y livrent se rabaissent au rang des animaux pour ne faire qu'une seule chair avec eux. « Frères, tout ce qu'il y a de vrai, de noble, de juste, de pur, d'aimable, d'honorable, tout ce qu'il peut y avoir de bon dans la vertu et la louange humaines, voilà ce qui doit vous préoccuper » (Ph 4, 8).

2.12. L'inceste

« L'inceste désigne des relations intimes entre parents ou alliés, à un degré qui interdit entre eux le mariage. […] L'inceste corrompt les relations familiales et marque une régression vers l'animalité. On peut rattacher à l'inceste les abus sexuels perpétrés par des adultes sur des enfants ou adolescents confiés à leur garde. La faute se double alors d'une atteinte scandaleuse portée à l'intégrité physique et morale des jeunes, qui en resteront marqués leur vie durant, et d'une violation de la responsabilité éducative »[58]. Il n'est pas permis d'avorter une grossesse issue d'une relation incestueuse, même s'il faut, dans le cas de la consanguinité, s'attendre à ce que l'enfant ait des tares héréditaires.

------

57. L'expression une seule chair est liée aux relations sexuelles. Cf. page 22.

58. *Catéchisme de l'Église Catholique*, n°2388-2389.

2.12.1. *L'interdiction pour raison de consanguinité*

Plusieurs passages de l'Ancien Testament fustigent l'inceste due à la parenté proche. Voici ce que contient le chapitre 18 du Lévitique :

- [5] Vous garderez mes lois et mes coutumes : qui les accomplira y trouvera la vie. Je suis Yahvé.

- [6] Aucun de vous ne s'approchera de sa proche parente pour en découvrir la nudité. Je suis Yahvé.

- [7] Tu ne découvriras pas la nudité de ton père ni la nudité de ta mère. C'est ta mère, tu ne découvriras pas sa nudité.

- [9] Tu ne découvriras pas la nudité de ta sœur, qu'elle soit fille de ton père ou fille de ta mère. Qu'elle soit née à la maison, qu'elle soit née au-dehors, tu n'en découvriras pas la nudité. (cf. Lv 18, 11 ; Lv 20, 17 ; Dt 27, 22)

- [10] Tu ne découvriras pas la nudité de la fille de ton fils ; ni celle de la fille de ta fille. Car leur nudité, c'est ta propre nudité.

- [11] Tu ne découvriras pas la nudité de la fille de la femme de ton père, née de ton père. C'est ta sœur, tu ne dois pas en découvrir la nudité.

- [12] Tu ne découvriras pas la nudité de la sœur de ton père, car c'est la chair de ton père (cf. Lv 20, 19).

- [13] Tu ne découvriras pas la nudité de la sœur de ta mère, car c'est la chair même de ta mère (cf. Lv 20, 19).

- [14] Tu ne découvriras pas la nudité du frère de ton père ; tu ne t'approcheras donc pas de son épouse, car c'est la femme de ton oncle.

Les enfants adoptifs sont considérés comme fils ou filles du ou des parents adoptifs (cf. canon 110).

2.12.2. *L'interdiction pour raison d'alliance*

La parenté est aussi créée par les liens du mariage : c'est l'affinité ou l'alliance. Cette parenté constitue des empêchements au mariage. Y contrevenir est un inceste. Saint Paul montre la gravité de ce type d'inceste aussi qui ne doit pas avoir droit de cité parmi les chrétiens :

« On n'entend parler que d'inconduite parmi vous, et d'une inconduite telle qu'il n'en existe pas même chez les païens; c'est à ce point que l'un de vous vit avec la femme de son père ! Et vous êtes gonflés d'orgueil ! Et vous n'avez pas plutôt pris le deuil, pour qu'on enlevât du milieu de vous celui qui a commis cet acte ! Eh bien ! moi, absent de corps, mais présent d'esprit, j'ai déjà jugé, comme si j'étais présent, celui qui a perpétré une telle action. Il faut qu'au nom du Seigneur Jésus, vous et mon esprit, nous étant assemblés avec la puissance de notre Seigneur Jésus, nous livrions cet individu à Satan pour la perte de sa chair, afin que l'esprit soit sauvé au Jour du Seigneur. Il n'y a pas de quoi vous glorifier ! Ne savez-vous pas qu'un peu de levain fait lever toute la pâte ? » (1 Co 5, 1-5)

L'Écriture sainte ne manque pas de dénoncer l'inceste par affinité :

- « Tu ne découvriras pas la nudité de la femme de ton père, c'est la nudité même de ton père » (Lv 18, 8 ; cf. Lv 20, 11 ; Dt 27, 20) ;

- « Tu ne découvriras pas la nudité du frère de ton père ; tu ne t'approcheras donc pas de son épouse, car c'est la femme de ton oncle » (Lv 18, 14 ; cf. Lv 20, 12) ;

- « Tu ne découvriras pas la nudité de ta belle-fille. C'est la femme de ton fils, tu n'en découvriras pas la nudité » (Lv 18, 15) ;

- « Maudit soit celui qui couche avec sa belle-mère. – Et tout le peuple dira : Amen. » (Dt 27, 23)

- « Tu ne découvriras pas la nudité de la femme de ton frère, car c'est la nudité même de ton frère » (Lv 18, 16) ;

- « Tu ne découvriras pas la nudité d'une femme et celle de sa fille ; tu ne prendras pas la fille de son fils ni la fille de sa fille pour en découvrir la nudité. Elles sont ta propre chair, ce serait un inceste » (Lv 18, 17) ;

- « Tu ne prendras pas pour ton harem une femme en même temps que sa sœur en découvrant la nudité de celle-ci du vivant de sa sœur » (Lv 18, 18) ;

- « L'homme qui prend pour épouses une femme et sa mère : c'est un inceste. On les brûlera, lui et elles, pour qu'il n'y ait point chez vous d'inceste » (Lv 20, 14) ;

- « L'homme qui couche avec la femme de son oncle paternel : il a découvert la nudité de celui-ci, ils porteront le poids de leur péché et mourront sans enfant » (Lv 20, 20) ;

- « Ainsi parle Yahvé : Pour trois crimes d'Israël et pour quatre, je l'ai décidé sans retour ! Parce qu'ils vendent le juste à prix d'argent et le pauvre pour une paire de sandales ; parce qu'ils écrasent la tête des faibles sur la poussière de la terre et qu'ils font dévier la route des humbles ; parce que fils et père vont à la même fille afin de profaner mon saint nom » (Am 2, 6-7).

2.13. L'habillement indécent

2.13.1. Position du problème

Notre corps est ce que nous sommes ou ce que nous avons de plus personnel. C'est avec ce corps que nous communiquons avec les autres. Les vêtements ont pour rôle de cacher la nudité. Ils protègent le corps contre les intempéries (froid, pluie, poussière, etc.), et nous aident à garder une bonne santé. Le style vestimentaire ainsi que la qualité des vêtements positionnent l'individu dans la société. Il suffit de voir comment on donne de la considération à qui porte des habits de luxe, de grande marque et comment sont négligés ceux qui ont des habits déchirés ou bas de gamme, bien que cela ne soit pas une attitude chrétienne (cf. Jc 2, 1-9). Le vêtement participe au bien-être, à une certaine considération de soi. La diversité des couleurs, des tissus, le génie artistique des stylistes, couturiers et tailleurs, permet à chacun d'avoir des vêtements à son goût et à sa taille. Et donner des vêtements à ceux qui en manquent est un acte hautement religieux parce que cela restaure leur dignité (cf. Mt 25, 36).

Le problème dans l'habillement commence à se poser quand on parle de pudeur. La pudeur, c'est l'intuition naturelle que notre corps est sacré, qu'il y a des parties qui doivent rester cachées. La honte, c'est le sentiment qui naît lorsque nous prenons conscience que la pudeur a été violée. La délicatesse de la pudeur dans l'habillement vient du fait que tout le monde n'a pas la même conscience de la dignité de l'homme et de la sexualité à cause de la dictature de la mode et de la banalisation du corps en notre temps. Certains ayant mal compris ce qu'est la liberté, réclament le droit de s'habiller comme ils veulent en disant qu'ils n'obligent personne à les « mater » du regard, et que d'ailleurs celui qui veut regarder qu'il regarde ; c'est son problème. « Quand sont ruinées les fondations, que peut faire le juste ? » (Ps 10 (11), 3)

Autrefois, nos grands parents s'habillaient à peine. Un cache sexe suffisait pour être décent. Cela doit être aussi mis en relation avec l'état artisanal et rudimentaire de leur industrie textile (filature du coton, tissage). De plus les normes sociales ne favorisaient pas les désordres et les esprits étaient assez purs. Le style vestimentaire acceptable change d'un milieu à un autre et au fil du temps.

Autre temps, autres mœurs, n'en déplaise à ceux qui pensent que pour un africain, « se sentir obligé de cacher son corps est une notion ridicule enseignée par le judéo-christianisme et l'Islam, notion qui veut nous imposer le corps et le sexe comme des choses sales et mauvaises. Ne pas aimer son corps, avoir honte de son corps, c'est au fond, faire insulte à nos dieux-créateurs, à nos dieux-ancêtres, à nos ancêtres eux-mêmes, car nous avons été créés à l'image et à la ressemblance de nos créateurs, c'est dire que, eux aussi ont des organes sexuels qu'ils utilisent pour en retirer du plaisir quand ils font l'amour. Le plus conservateur des papes catholiques et les plus conservateurs des catholiques, oublient qu'eux-mêmes, sont nés du résultat d'un acte sexuel ! … Ceux qui s'opposent à la nudité ont oublié qu'ils sont nés nus, personne jamais n'est né avec des habits, la seule utilité que nous offrent les vêtements, c'est de nous protéger du froid quand cela est nécessaire ou de nous offrir la possibilité de porter comme vêtements des œuvres d'art, attractives par leurs formes et leurs couleurs, par exemple lors des moments de festivités »[59].

---

59. Kayemb Uriël Nawej, *Erotic africa, la décolonisation sexuelle : Redécouvrons la sexualité africaine pré-coloniale sans les tabous judéo-chrétiens imposés par les blancs !*, 2012, CreateSpace Independent Publishing

Cette pensée d'origine raélienne[60] s'inscrit dans la lignée du nudisme et du naturisme qui réclament le droit de vivre dans une complète nudité, en tenue d'Adam et Ève comme on le dit. Dans certains pays occidentaux, des plages sont réservées à ceux qui partagent cette mentalité. On peut y voir d'une part que chez eux, le sexe est tellement banalisé qu'ils désirent vivre comme des animaux, sans vêtements – parce que grâce à son éducation, à sa culture et à son intelligence, l'homme sait s'habiller dignement, cuire les aliments, bâtir des maisons, etc., et ne cherche pas à vivre comme les animaux –, et d'autre part que la perversité a tellement marqué leurs esprits au fer rouge (cf. 1 Tm 4, 2) qu'ils désirent jouir en voyant la nudité de tout le monde si bien qu'ils cherchent à propager cette idéologie par des arguments farfelus. De plus, avec juste un peu de bon sens, la conscience que les relations sexuelles conduisent au don de la vie devrait suffire pour respecter l'origine de la vie, pour s'habiller avec pudeur et plus largement pour vivre dans la chasteté.

Platform, p. 52-53. L'auteur est porte-parole du mouvement raélien.

60. Le mouvement raélien a été fondé par Claude Maurice Marcel Vorilhon, dénommé Raël, « messager des Élohim », né le 30 octobre 1946 à Vichy (France). Il se dit conçu le 25 décembre 1945 (le jour de Noël). Il a fait des tentatives professionnelles dans la chanson, la représentation commerciale, le journalisme sportif. Raël, ayant reçu des communications avec des extra terrestres (Élohim), doit établir la religion des religions, mais une religion athée qui trouve son expression privilégiée dans la « *méditation sensuelle* », technique d'épanouissement révélée par les Élohim. Il s'agit de rechercher du plaisir par la satisfaction de tous les sens : « *Si tu as envie d'avoir une expérience sensuelle ou sexuelle avec un ou plusieurs individus quel que soit leur sexe, dans la mesure où ce ou ces individus sont d'accord, tu peux agir suivant tes envies* » … « *Il faut* reconnaître *aux adolescents le droit à une vie sexuelle indépendante* ». Il est recommandé aux mères célibataires de recevoir tous les hommes qui leur plaisent et qui seront autant d'exemples masculins pour leurs enfants. cf. Yves Morel, *Le défi des sectes, des N.M.R. et des intégrismes*, Abidjan, INADES, 1999.

Bref, il n'y a pas de problème à s'habiller joliment. Beaucoup de personnes s'habillent décemment avec de beaux habits. Le problème survient lorsque « le tissu n'a pas suffit à coudre l'habit », lorsque l'habillement et la façon de s'asseoir suscitent facilement des pensées impures chez les autres. Notre corps est un précieux don de Dieu et l'habillement devrait refléter l'estime que nous avons de ce corps.

2.13.2. *Le scandale des petits*

Le scandale désigne ordinairement quelque chose qui choque, qui indigne. Il a un autre sens dans le Nouveau Testament entièrement écrit en grec. Le mot grec *scandalos* désigne une pierre contre laquelle on trébuche et tombe. Quand Jésus parle donc de scandale, il s'agit de toute action mauvaise en soi ou en apparence qui peut conduire son prochain à pécher, même si le péché n'a pas effectivement lieu, par exemple parce qu'il a pu résister.

« Quiconque accueille un petit enfant tel que lui à cause de mon nom, c'est moi qu'il accueille. Mais si quelqu'un doit scandaliser l'un de ces petits qui croient en moi, il serait préférable pour lui de se voir suspendre autour du cou une de ces meules que tournent les ânes et d'être englouti en pleine mer. Malheur au monde à cause des scandales ! Il est fatal, certes, qu'il arrive des scandales, mais malheur à l'homme par qui le scandale arrive ! » (Mt 18, 5-7)

La gravité du scandale change selon les circonstances :

- selon l'intention de l'auteur : plus cette personne connaît la malveillance de son action, plus il est coupable ;

- selon l'influence que l'auteur a sur les autres : un péché public commis par le Pape est plus grave que le même péché commis par un chrétien peu connu ;

- selon le nombre de personnes scandalisées : plus les victimes sont nombreuses, plus le scandale est grave ;

- selon la gravité de la faute commise par le prochain à cause du scandale.

On ne peut pas évaluer les effets occasionnés par un habillement indécent quant aux nombre de personnes affectées et des péchés en pensée ou en action qui s'ensuivront. Une personne mal habillée peut détourner l'attention d'une autre en circulation causant accidents et chutes libres, par suite des blessés plus ou moins graves et même des morts. Ces cas ne sont pas rares de nos jours.

D'où l'impérieuse nécessité de bien s'habiller. Les parents veilleront à leur propre vêture afin que leurs enfants puissent suivre leur exemple. « Tel père tel fils, telle mère telle fille », dit-on. Ils n'achèteront pas des vêtements inappropriés pour leurs enfants et les éduqueront dès leur jeune âge à bien choisir leurs tenues.

2.13.3. *Les enjeux du vêtement féminin*

Certaines personnes pensent que la société tente d'imposer aux dames de nombreuses contraintes dans leur façon de s'habiller et de s'asseoir alors qu'elles sont libres de faire comme bon leur semble. Une telle opinion ne peut être objective car le corps féminin et le corps masculin ne sont pas les mêmes. De plus, comme en pornographie, lorsque l'habillement n'est pas très correct, les hommes, plus stimulés par ce qu'ils voient, regardent les femmes ; et les femmes regardent les femmes par jalousie, souci de comparaisons, etc. C'est ce qui fait que le problème vestimentaire se pose de façon plus accrue chez les femmes quoique certaines tenues masculines soient reprochables. Les agences de publicité sont les premières à exploiter cette réalité psychologique.

Il est certain qu'avec tout ce qu'il y a comme mode vestimentaire aujourd'hui, nous devons nous habituer à vivre quand même chastement dans cet environnement difficile. Il ne s'agit pourtant pas de s'habiller selon n'importe quel style en se disant que cela ne fait rien parce que les gens sont habitués. Tout le monde n'est pas sensible à la même chose. Ce qui ne dérange pas un tel peut incliner l'imagination de tel autre. De plus, on peut être imité par les personnes qui nous estiment. Ceux qui luttent pour se sevrer de la pornographie et de l'impureté en général sont aidés quand autour d'eux l'environnement vestimentaire n'est pas agressif. De ce fait, « c'est un devoir pour nous, les forts, de porter les faiblesses de ceux qui n'ont pas cette force et de ne point rechercher ce qui nous plaît. Que chacun d'entre nous plaise à son prochain pour le bien, en vue d'édifier » (Rm 15, 1-2).

En outre, il y a de nos jours beaucoup de plaintes par rapport à l'habillement surtout des filles et des dames, y compris dans les églises. Ce serait malhonnête de minimiser ces plaintes. Beaucoup de filles n'ont même pas conscience de cela, parce que la pudeur et la retenue font que ceux qui sont gênés ne leur en parlent pas directement. Elles n'ont pas de problème à porter le joli « bas » et le « haut » sauté qu'elles ont trouvé dans un coin de friperie bon marché. Cependant, si elles faisaient attention à la façon dont elles sont regardées, si elles analysaient les mots grossiers qui leur sont adressés, si elles demandaient aux garçons de leur entourage ce qu'ils pensent de ces habillements, elles se rendraient vite compte qu'elles indisposent par leur tenue vestimentaire. D'autres filles au contraire sont très conscientes de la situation et sont plutôt fières de leur puissance de séduction, de leur « force de frappe » comme elles le disent, de leur capacité à récupérer les maris et les copains des autres « en un temps deux mouvements ».

Certains fustigent ces femmes qui portent le voile islamique noir, avec une longue robe noire et généralement des gants et des chaussettes noirs. Quelles que soient les raisons avancées, elles au moins n'offensent pas la décence à l'instar de celles qui les critiquent. Comme dit Jésus, « qu'as-tu à regarder la paille qui est dans l'œil de ton frère ? Et la poutre qui est dans ton œil à toi, tu ne la remarques pas ! Ou bien comment vas-tu dire à ton frère : Laisse-moi ôter la paille de ton œil, et voilà que la poutre est dans ton œil ! Hypocrite, ôte d'abord la poutre de ton œil, et alors tu verras clair pour ôter la paille de l'œil de ton frère » (Mt 7, 3-5). Nous n'avons pas à juger la piété de ces dames, mais ce n'est pas exclu que derrière l'essor de ce style vestimentaire se cache un refus psychologique ou sociologique, conscient ou inconscient, de la banalisation du corps féminin à travers des vêtements impudiques.

Par ailleurs, pour accroître sa clientèle, une prostituée a intérêt à exhiber ses rondeurs, à s'habiller au minimum. Parce que de cette façon, elle attire les regards, et de plus, elle incline plus facilement l'imagination de ceux qui la regardent à la désirer instantanément. Ce n'est pas pour rien que l'Écriture demande de n'avoir rien de commun avec les prostituées et les débauchés (cf. Ep 5, 4-7). Or, de nos jours, par l'habillement, il est difficile de distinguer les prostituées de celles qui ne le sont pas, peut-être aussi parce que dans le comportement il n'y a plus beaucoup de différence, ce qui est très grave.

Le piège de la mode guette particulièrement les adolescentes, désireuses de se montrer grandes. Les abonnés aux réseaux sociaux (Facebook, Twitter, etc.) sont aussi poussés à publier des photos insolites, des photos attractives qui auront le maximum de commentaires et de vues. Et là, plus on est sexy, plus on est

« liké ». En même temps, on augmente l'ampleur du scandale puisque les photos sont là en permanence, accessibles de partout dans le monde.

On en arrive à perdre le sens du sacré ; c'est la conséquence de tout endurcissement dans le péché. Irait-on à un entretien d'embauche en jupette ou en collant ? Ce serait une façon de s'assurer qu'on ne serait pas recruté, parce que ça ne fait pas sérieux. Mais pour aller à l'église, on porte n'importe quelle tenue. Irait-on rencontrer un président de république avec ces mêmes habits ? Et pourtant Jésus est le Roi des rois, le Seigneur des seigneurs (cf. 1 Tm 6, 15 ; Ap 17, 14 ; Ap 19, 16), bien plus qu'un président, bien plus qu'un recruteur. On ne se rend même pas compte qu'on se moque de lui en venant dans sa maison de la sorte, que l'on contraint les autres à regarder luxurieusement vers soi plutôt que de suivre la messe. Ils étaient venus chercher refuge auprès du Seigneur, les voici piégés dans son église même. Dans certains pays (Côte d'Ivoire, Togo, etc.), des affiches à l'entrée des églises indiquent les habits proscrits. Ces indications sont plus ou moins biens respectées.

L'habillement joue sur les résultats scolaires et professionnels. Il est démontré que lorsqu'elles sont habillées de façon minimale, les femmes pensent plus à leur corps, à la façon dont elles sont perçues, jugées, appréciées. Dans ces conditions, la capacité de réflexion prend un coup[61]. Par contre, les commerçantes et les commerciales, en portant des habits provocants, font gonfler considérablement leur chiffre d'affaire. Certes, la tenue scolaire rend de nombreux services dans les établissements d'enseignement primaire et secondaire. Cependant, les enseignants et les parents d'élèves devront veiller à l'éducation

---

61. Le *Figaro* de mi-avril 1999, cité par Pascal IDE et Luc Adrien, *Les 7 péchés capitaux ou ce mal qui nous tient tête*, Paris, Mame-Edifa, 2003, p. 91-92.

vestimentaire de leurs enfants afin qu'ils restent décents même après les classes.

S'habiller de façon vulgaire amoindrit les chances d'une fille d'être vraiment aimée, parce qu'ainsi elle n'intéresse pas les garçons sérieux, et ceux qui lui feront des avances seront davantage préoccupés de l'avoir au lit plutôt que d'envisager une relation sérieuse à long terme. Et comme le mot de passe c'est « je t'aime », ils n'hésiteront pas à la persuader s'il le faut en répétant le mot de passe avec conviction, quitte à dire « quand ils auront fini avec elle » que c'est fini. Être mal habillée augmente aussi les chances d'être violée, d'être traitée vulgairement, d'être banalisée.

Ainsi, en choisissant une manière inappropriée de s'habiller, une fille ou une dame tombera tôt ou tard dans la débauche et y restera. Car, même si au départ elle était innocente, elle sera draguée plutôt par des voyous qui finiront par l'initier à l'impureté. Prenant goût à la chose, et blessée d'être abandonnée après ces relations sans lendemain, elle prendra elle-même l'initiative des conquêtes, pour satisfaire ses pulsions et aussi pour se venger. C'est pourquoi, les personnes qui s'habillent habituellement bien ont tendance à être sérieuses, à avoir une profondeur d'âme, à avoir conscience de leur dignité. Toutefois, il y a des impies qui savent se déguiser en anges. En habituant leurs filles à des tenues inappropriées dès leur jeune âge, les parents les destinent à coup sûr à vivre en dévergondées dès l'adolescence, et parfois même avant.

L'habillement décent procure sérénité et paix. Il impose aux autres le respect de sa personne. Dans un monde où le corps est banalisé, bien s'habiller sans équivoque est devenu une nécessité. « Que les femmes aient une tenue décente ; que leur parure, modeste et réservée, ne soit pas faite de cheveux tressés, d'or, de pierreries, de somptueuses toilettes, mais bien plutôt de bonnes œuvres, ainsi qu'il convient à des femmes qui font profession de piété » (1 Tm 2, 9-10).

2.13.4. Dispositions pratiques

Les recommandations pour un habillement décent seront ridicules pour qui n'a pas compris le bien fondé de la question. Et de consignes il y en a que très peu, car elles sont manifestes à l'esprit de ceux qui désirent la chasteté. Difficile de dire en effet à partir de quand un habit est convenable ou pas. Pourtant, « n'est-ce pas trop court ? », « n'est-ce pas trop serré ? », « n'est-ce pas provoquant ? », sont autant de questions qui surgissent dans la conscience et suffisent pour renoncer à un habit, par charité pour les autres (cf. Rm 14, 16-23). On le voit très souvent, des filles en pantalon moulant et haut sauté qui, lorsqu'elles sont assises ou à moto, ne cessent de tirer leur habit par derrière. C'est la preuve que bien qu'elles aient tué leur conscience pour sembler à l'aise dans cet accoutrement, celle-ci continue de les gronder.

Il va de soi que l'habillement dépend des contextes et des activités (e.g. sport, travaux durs ou salissants, etc.). Lorsqu'on est chez soi et qu'il n'y a pas de visiteurs on peut se mettre à l'aise. Cependant, dès qu'arrivent des visiteurs, surtout de sexe opposé, ou si l'on veut sortir de chez soi, il convient de s'habiller en conséquence, en tenant compte que l'on devrait pouvoir adopter plusieurs postures (assis, debout, courbé, etc.) sans offusquer les autres.

Pour les hommes :

- éviter de porter des chemises ou des pantalons transparents ;

- éviter de se fourrer avec un pantalon serré ;

- éviter le style qui consiste à laisser descendre le pantalon (ou le jeans) de sorte à laisser visible le slip ou la culotte.

Pour les dames :

- éviter de porter des habits transparents ;

- éviter les habits qui collent au corps comme tenue de ville : « hauts sautés », « bodies », collants et assimilés ne devraient pas être portés seuls, mais en dessous d'un autre habit. Les pantalons serrés, robes moulantes, jupes serrées sont à proscrire ;

- ne pas porter d'habits qui laissent voir tout ou une partie des seins ou encore l'espace entre les seins ;

- éviter les pantalons de style « taille basse » qui laissent voir les sous-vêtements ;

- éviter les mini jupes et d'une manière générale les jupes et les robes qui n'atteignent pas le genou ;

- éviter les pantacourts et les shorts qui n'atteignent pas le genou ou qui collent au corps ;

- l'habit du haut ne doit pas laisser voir le nombril ni la partie basse du dos, ni le milieu du dos. Au contraire, une longue chemise (haut) est toujours convenable ;

- avoir de la modération dans les fentes ;

- s'asseoir convenablement surtout lorsqu'on porte un pantalon : écarter les jambes peut indisposer certaines personnes.

Ces indications restent valables en temps de chaleur. Il est bon de ne pas se contenter du minimum, mais d'éviter tout habit ambigu. Les personnes de forte corpulence, même s'il leur est souvent difficile de trouver leur pointure, peuvent toujours se faire coudre des habits adaptés à leur corps. Choisir de réformer son habillement peut nécessiter un effort financier pour remplacer les habits incommodes. Si un habit devient trop petit ou trop serré, on peut le donner à quelqu'un d'autre. Il en est de même si l'habit est reçu en cadeau. Mais s'il s'agit d'un habit qui n'est pas du tout indiqué, il vaut mieux le détruire que de le donner à une autre personne.

Pour aller à l'église, dans la maison de Dieu, l'habillement doit être soigné afin de favoriser le climat de prière et en raison du respect qui est dû à ce lieu (cf. Jn 21, 7). On pourra remarquer que pour la messe, le prêtre est tenu de porter des habits liturgiques (aube et chasuble) qui inspirent le sacré et cachent ses vêtements personnels – soutane comprise – et tout son corps à l'exception de la tête, des mains et des pieds. Les autres acteurs liturgiques (servants de messes, lecteurs, etc.) portent de même une aube. Pour le service liturgique dans nos églises, les filles et les femmes portent un foulard afin qu'une coiffure sophistiquée ne captive l'attention de qui que ce soit au détriment de la prière.

Ces vêtements liturgiques ne sont pas exigés pour tous les participants à la messe, mais un habit respectueux est quand même nécessaire. Sont à éviter les débardeurs, shorts, habits de sports. Autant que possible, à moins qu'en raison de pauvreté on n'ait pas d'autres habits, on évitera les habits sales ou déchirés, les habits publicitaires, les habits portant toute inscription ou image pouvant distraire ainsi que les habits de partis politiques[62] qui attirent l'attention sur autre chose.

Il est bon de savoir que pour visiter la basilique saint Pierre de Rome, les musés du Vatican, la chapelle Sixtine, et d'autres

---

62. Une des raisons est que si quelqu'un est contre le parti en question, il aura des difficultés pour se recueillir tout le temps de la messe.

lieux du Saint Siège, il est exigé comme habillement, même en été :

- pantalons longs pour les hommes ;

- jupes sous le genou ou pantalon pour les femmes ;

- épaules couvertes pour tout le monde ;

- manches obligatoires pour tous (manches courtes ou manches longues).

Encore une fois, le problème de l'habillement décent ne réside pas dans la beauté de l'habit. En toute chose, la Parole de Dieu recommande de se laisser attirer par ce qui est humble et simple (cf. Rm 12, 16). « Que votre parure ne soit pas extérieure, faite de cheveux tressés, de cercles d'or et de toilettes bien ajustées, mais à l'intérieur de votre cœur dans l'incorruptibilité d'une âme douce et calme : voilà ce qui est précieux devant Dieu » (1 P 3, 3-4).

2.14. Quelques autres attitudes luxurieuses

La luxure a plusieurs visages. Certaines situations que le commun des mortels trouve anodines ne sont pourtant pas chastes. La pureté n'est pas seulement une affaire de relations sexuelles. C'est un combat contre les tendances du cœur, de l'esprit et du corps. Ceux qui veulent vraiment vivre la chasteté se rendront compte que les attitudes ci-dessous, sans nulle exagération, leur sont dommageables.

2.14.1. *Les « simulations » ou « frottements »*

Les « simulations » encore appelées « frottements », « sexe sans pénétration », etc., désignent le comportement d'un homme et une femme qui tirent leur plaisir en faisant semblant d'avoir des relations sexuelles sans que le sexe masculin ne pénètre dans celui de la femme. Cette attitude est souvent adoptée pour plusieurs raisons, par exemple lorsque la fille est vierge et tient à garder le signe de sa virginité, ou parce que les deux s'imaginent ne pas commettre de péché ou encore pensent ne pas encourir de grossesse ou d'infection sexuellement transmissible en n'allant pas plus loin. Et pourtant, si « quiconque regarde une femme pour la désirer a déjà commis, dans son cœur, l'adultère avec elle » (Mt 5, 28), est-il encore besoin de discussions au sujet de l'inconvenance de cette pratique ?

Qu'il soit dit en passant que cette façon de faire n'empêche pas de contracter une infection sexuellement transmissible si l'un des partenaires est infecté. De plus, même sans pénétration, le contact des organes génitaux de l'homme et de la femme peut entraîner une grossesse, car dès le début de l'érection, les liquides dits pré-éjaculatoires présents dans l'organe masculin contiennent généralement des spermatozoïdes. Les risques de grossesses sont plus élevés si l'homme éjacule sur les organes génitaux de la femme. Et rien ne garantit que dans le feu de l'action, l'homme ne cède pas à la tentation d'aller plus loin – et il y va très souvent – sans que la femme n'ait la possibilité de l'en empêcher. Mesdemoiselles, ce n'est donc pas là la bonne manière de conserver sa virginité.

2.14.2. Les bécots

Il y a embrasser et embrasser. On appelle familièrement bécot les baisers amoureux à la bouche occasionnant le contact des langues. Il paraît complètement ridicule de parler de bécot dans un monde où la sexualité est banalisée. De plus, ce geste est très courant dans presque tous les films et séries grand public. Et pourtant, c'est une manifestation de tendresse spécifique aux personnes mariées.

Pour s'en convaincre, on peut se demander s'il n'y a pas de malaise en voyant son père ou sa mère embrasser de la sorte une autre personne, s'il n'y a pas de gêne à s'embrasser devant ses parents, s'il n'y a qu'indifférence lorsqu'on surprend son copain ou sa copine, son mari ou sa femme embrasser une autre personne ? Et aussi, qu'est-ce qui se passe lorsque le bécot dure ? N'incline-t-il pas la volonté à désirer ou à réaliser des actions de moins en moins chastes surtout si cela se passe à l'abri de tout regard ? Car c'est un fait que les hommes sont plus excités que les femmes à travers les bécots, et qu'une fois excités, ils ont tendance à vouloir aller immédiatement plus loin. De toute façon, une fois excités, les deux auront moins de force et de volonté pour résister à la fornication.

Les fiancés qui veulent vraiment vivre l'abstinence auront du mal à respecter leurs engagements s'ils ne réservent de tels embrassades pour l'après mariage.

2.14.3. *Les danses lascives*

La danse est en soit une bonne chose. On trouve dans la Bible plusieurs invitations à danser pour le Seigneur : « Les justes jubilent devant la face de Dieu, ils exultent et dansent de joie. Chantez à Dieu, jouez pour son nom, frayez la route au Chevaucheur des nuées, jubilez en Yahvé, dansez devant sa face » (Ps 68(67), 4-5).

Cependant, certaines danses ont un but érotique plus ou moins prononcé. Il n'est pas possible ici de cataloguer toutes les danses, il y en a tellement et il s'en crée de nouvelles tout le temps. Parmi les plus condamnables, il y a dans certains bars dancing le striptease où des personnes dansent en se déshabillant. Notons aussi qu'une certaine façon de danser le slow ou le zouk ne sont pas chastes. Avec l'aide de l'Esprit Saint, les personnes de bonne volonté pourront reconnaître ce qui ne convient pas.

2.14.4. *Les lignes roses, le sexe par téléphone ou par Internet*

La luxure a pris d'autres visages avec les nouvelles technologies. Les lignes roses sont des numéros de téléphone généralement surfacturés[63]. Ceux qui appellent à ces numéros sont mis en relation avec un serveur ou avec des filles, chargées de leur dire au téléphone de quoi les faire fantasmer.

Le concept « faire l'amour par téléphone » ou « par Internet » est né pour désigner le fait d'échanger des paroles par téléphone ou par tchatche, souvent avec la webcam activée, pour alimenter les rêveries et le plaisir solitaire de ceux qui sont impliqués. Publier sur les réseaux sociaux ou envoyer à d'autres personnes des images ou des vidéos montrant sa nudité n'est pas indiqué non plus. Tout cela est naturellement contre la chasteté.

D'autres aspects doivent être considérés par ceux qui s'adonnent à ces pratiques. Tout d'abord, détenir, regarder ou échanger une image à caractère pornographique d'une personne mineure (moins de 18 ans) est considéré comme de la pédopornographie, et puni par la loi dans plusieurs pays. On peut donc être inquiété par la police si l'on réside dans ces pays ou si l'on voyage même plus tard dans ces pays.

Il est toujours possible pour le destinataire d'enregistrer une conversation vidéo. Il arrive souvent que le destinataire fasse du chantage, menaçant de publier la vidéo compromettante dans les

---

63. Le coût de l'appel est plus cher que les appels ordinaires. L'opérateur de téléphonie reverse au propriétaire du numéro une bonne partie du supplément du prix de la communication.

réseaux sociaux si on ne lui paye pas une certaine somme ou si on ne lui offre pas certains services malhonnêtes.

Par ailleurs, sur les réseaux sociaux, l'identité des personnes n'est pas toujours sûre. Un homme peut bien se faire passer pour une femme en mettant sur son profil des photos prises sur un autre compte. Une personne âgée peut se présenter comme un lycéen ou un étudiant, etc. Même lorsqu'on sait à qui l'on envoie ses images, rien ne garantit que le destinataire les gardera pour lui-même (elle-même). Il est courant qu'en cas de difficultés dans la relation amoureuse, l'un fasse du chantage à l'autre, menaçant de publier ses images à caractères sexuelles. En cas de rupture, il est aussi possible de se venger en partageant les images de l'autre. Ces phénomènes prennent de l'ampleur.

Enfin, tout ce qui est publié dans les réseaux sociaux reste stocké dans leurs serveurs, même lorsque l'utilisateur les supprime. Ils peuvent rester longtemps présents dans les caches des moteurs de recherche. Par suite, il n'est pas difficile de voir que les mauvaises publications faites à la légère peuvent nuire ultérieurement à une carrière professionnelle ou politique.

Le simple fait de se photographier ou de se laisser photographier les parties intimes n'est pas sans risque. Une tierce personne peut tomber dessus (cas des téléphones fouillés, volés ou perdus). Les images peuvent être partagées par erreur et se retrouver sur les réseaux sociaux. Elles peuvent aussi être transférées automatiquement dans des clouds à cause du paramétrage autorisant la sauvegarde des données ou être récupérées par l'activité de virus. Plusieurs personnes en ont fait les frais[64]. « Que

---

64. Le 14 février 2020 en France, à un mois du premier tour des élections municipales, Benjamin Griveaux, ancien secrétaire d'État et candidat favori à la Mairie de Paris a dû renoncer officiellement à sa candidature. La cause : publication le jour précédent sur un site internet et dans les réseaux sociaux d'une vidéo et d'une correspondance à caractère sexuel impliquant le politi-

le Seigneur dirige vos cœurs vers l'amour de Dieu et la constance du Christ » (2 Th 3, 5).

2.14.5. *La mauvaise curiosité*

Le désir de savoir de nouvelles choses ou d'avoir plus d'informations est naturel en tout homme. Mais tout n'est pas bon à savoir. Le péché d'Adam et Ève est né de la curiosité de manger le fruit défendu qui leur ouvrirait les yeux afin qu'ils soient comme des dieux connaissant le bien et le mal (cf. Gn 3, 5).

Il est légitime et indispensable de connaître comment fonctionne son corps et comment faire pour vivre dans la chasteté. Cependant, vouloir connaître comment se pratique l'impureté – ne serait-ce que pour pouvoir donner des conseils à d'autres personnes – peut être fatal. En regardant un site ou un film pornographique par curiosité, on tombe dans le piège de regarder encore une autre fois, de regarder plus longtemps, ainsi de suite, et on devient très vite dépendant.

Aller chez les prostituées ou se prostituer pour voir, avoir des relations sexuelles pour voir, essayer un préservatif, vouloir savoir ce qu'il y a au-delà d'une jupe ou d'un pantalon, aller en boîte de nuit, etc., sont autant de pièges dans lesquels il ne faut pas tomber au grand risque de récidiver, car on ne regrette pas sur-le-champ ce que l'on a trouvé plaisant. Ces expériences marquent la mémoire et l'imagination et il n'est pas souvent aisé de s'en débarrasser par la suite.

Il est donc crucial de trier ses sources d'informations, ses émissions à la radio ou à la télévision, ses sites internet, ceux à qui l'on demande conseil, les livres que l'on lit, etc. Ceux qui exposent leurs problèmes sur les ondes des radios commerciales, dans les réseaux sociaux ou sur les forums sur Internet sont à

---

cien. La vidéo était détenue par une ancienne partenaire.

plaindre. Il y aura toujours plus de personnes qui interviendront pour les convaincre de faire comme tout le monde le fait, de vivre comme les gens du monde qui ne se préoccupent pas de toutes les conséquences de leurs actes et de Dieu.

Il est toujours avantageux de se contenter de bons livres qui parlent de chasteté et des témoignages des convertis. « Fuis les passions de la jeunesse. Recherche la justice, la foi, la charité, la paix, en union avec ceux qui d'un cœur pur invoquent le Seigneur » (2 Tm 2, 22).

2.14.6. *La fréquentation des lieux de mauvaise réputation*

Les chrétiens éviteront les lieux mal famés pour au moins trois raisons.

Tout d'abord, pour leur propre bien. Parce que pour réussir dans la chasteté, il est important d'observer la prudence qui invite à ne pas s'exposer inutilement à la tentation. C'est un domaine où de tout temps, ceux qui se déclaraient les plus forts sont tombés. Parce que leur orgueil les a poussés à prendre des risques, à surestimer leurs propres forces, à oublier qu'en s'approchant trop du feu, on finit par être brûlé.

En second lieu, à cause des autres. Le chrétien doit être imitable de sorte à pouvoir dire : « Soyez mes imitateurs » (1 Co 4, 16 ; 1 Co 11, 1 ; Ph 3, 17). « Car vous savez bien comment il faut nous imiter. Nous n'avons pas eu une vie désordonnée parmi vous » (2 Th 3, 7). Supposons qu'un chrétien pense pouvoir aller dans des boîtes de nuit ou des coins de prostituées sans que cela ne soit un problème pour lui. Si cela est vrai – on peut en douter parce que la chasteté concerne aussi ce que l'on regarde, ce que l'on entend, la manière d'être habillé, de danser, etc. –, si une autre personne l'imite en pensant que c'est permis, cette dernière personne, s'en sortira-t-elle indemne ? Le premier qui devait donner l'exemple n'a-t-il pas été le scandale, la pierre qui fait tomber les autres ? Or, « en péchant ainsi contre vos frères, en blessant leur conscience, qui est faible, c'est contre le Christ que vous péchez » (1 Co 8, 12).

Troisièmement, ce comportement peut choquer les autres, surtout si l'on a quelque responsabilité dans la communauté chrétienne, ou si, même à notre insu, quelqu'un avait de la considération pour nous à cause de notre témoignage de vie chrétienne. Ainsi, disait saint Paul, « nous ne donnons à personne aucun sujet de scandale, pour que le ministère ne soit pas décrié » (2 Co 6, 3).

Jésus était l'ami des pécheurs, des personnes de mauvaise réputation à qui il pardonnait les péchés et les invitait à changer de vie. Il se réjouissait de leur conversion par rapport à ceux qui se croyaient purs en disant : « En vérité je vous le dis, les publicains et les prostituées arrivent avant vous au Royaume de Dieu. En effet, Jean est venu à vous dans la voie de la justice, et vous n'avez pas cru en lui ; les publicains, eux, et les prostituées ont cru en lui ; et vous, devant cet exemple, vous n'avez même pas eu un remords tardif qui vous fît croire en lui » (Mt 21, 32-32). Il est donc important de ne pas condamner ceux qui travaillent dans ce milieu mais d'avoir pour eux de la commisération. Cependant, pour les approcher, les convertir ou les sensibiliser, il est important d'agir stratégiquement, en groupe, en s'armant d'une vie de prière régulière et intense afin de ne pas s'égarer soi-même.

Des exemples de lieux de mauvaise réputation incluent les boîtes de nuit et les maquis semblables, les chambres de passes, les lieux où exercent les prostituées, les sex shops[65], etc.

___

65. Les sex shops sont des magasins où l'on vend du matériel pornographique ainsi que d'autres accessoires destinés à des jeux sexuels. On les

                    Mon corps et l'amour

« Très chers, je vous exhorte, comme étrangers et voyageurs, à vous abstenir des désirs charnels, qui font la guerre à l'âme. Ayez au milieu des nations une belle conduite afin que, sur le point même où ils vous calomnient comme malfaiteurs, la vue de vos bonnes œuvres les amène à glorifier Dieu, au jour de sa Visite » (1 P 2, 11-12).

*

* *

Il existe bien d'autres comportements ou tendances classés sous le vocable de « déviations sexuelles » ou « paraphilies » sur lesquels nous ne nous attarderons pas. Tout ce qui a été dit plus haut permet de les juger. Saint Paul les résume ainsi : « Quant à la fornication, à l'impureté sous toutes ses formes, ou encore à la cupidité, que leurs noms ne soient même pas prononcés parmi vous : c'est ce qui sied à des saints » (Ep 5, 3).

À présent, nous parlerons de plusieurs situations plus durables qui sont concurrentes au mariage et qui interrogent.

---

trouve surtout en Occident.

Chapitre 3. Les offenses à la dignité du mariage et du célibat consacré

Le mariage a été institué par Dieu dès les origines, lorsqu'il bénit l'homme et la femme en leur ordonnant d'être fécond et de remplir la terre (cf. Gn 1, 22). Jésus a confirmé la volonté du Créateur qui est qu'un homme et une femme soient unis dans le mariage pour la vie : « l'homme quittera son père et sa mère pour s'attacher à sa femme, et les deux ne feront qu'une seule chair. Ainsi ils ne sont plus deux, mais une seule chair. Eh bien ! ce que Dieu a uni, l'homme ne doit point le séparer » (Mt 19, 5-6).

De nos jours, le caractère sacré du mariage est de moins en moins éclatant, car sali par les fléaux de l'adultère, du divorce, de la polygamie, et surtout du concubinage, sans parler du mariage homosexuel encore appelé mariage pour tous. Nous les détaillons ci-dessous à l'exception de l'adultère (cf. page 57) et du mariage homosexuel (cf. page 83) déjà abordés plus haut. Nous parlerons aussi du célibat consacré et de ses exigences en matière de chasteté.

3.1. Le divorce

3.1.1. *La gravité du divorce*

Le mariage catholique, contrairement aux autres formes de mariages, est indissoluble, c'est-à-dire, qu'une fois que le mariage est validement célébré et consommé, il n'y pas de divorce possible. La compassion envers des personnes qui ont vécu des drames ayant conduit à la séparation ou au divorce sur le plan civil ne doit pas être un motif pour ne pas leur dire que le divorce est un mal en soi, ou que le remariage à la suite d'un divorce est un état d'adultère permanent. Ce serait les induire en erreur. Voici l'enseignement de Jésus à propos du mariage :

« S'approchant, des Pharisiens lui demandaient : "Est-il permis à un mari de répudier sa femme ?" C'était pour le mettre à l'épreuve. Il leur répondit : "Qu'est-ce que Moïse vous a prescrit" – "Moïse, dirent-ils, a permis de rédiger un acte de divorce et de répudier." Alors Jésus leur dit : "C'est en raison de votre dureté de cœur qu'il a écrit pour vous cette prescription. Mais dès l'origine de la création, Il les fit homme et femme. Ainsi donc l'homme quittera son père et sa mère, et les deux ne feront qu'une seule chair. Ainsi ils ne sont plus deux, mais une seule chair. Eh bien ! Ce que Dieu a uni, l'homme ne doit point le séparer." Rentrés à la maison, les disciples l'interrogeaient de nouveau sur ce point. Et il leur dit : "Quiconque répudie sa femme et en épouse une autre, commet un adultère à son égard ; et si une femme répudie son mari et en épouse un autre, elle commet un adultère" » (Mc 10, 2-12).

Jésus met donc fin au relâchement concédé par Moïse dans l'Ancien Testament pour le motif « dureté de cœur ». Désormais, « que la femme ne se sépare pas de son mari ; au cas où elle s'en séparerait, qu'elle ne se remarie pas ou qu'elle se réconcilie avec son mari et que le mari ne répudie pas sa femme » (1 Co 7, 10-11).

Signalons que le lien du mariage demeure jusqu'à la mort de l'un des époux. Dans ce cas, le veuf ou la veuve peut se remarier à l'Église. « C'est ainsi que la femme mariée est liée par la loi au mari tant qu'il est vivant ; mais si l'homme meurt, elle se trouve dégagée de la loi du mari. C'est donc du vivant de son mari qu'elle portera le nom d'adultère, si elle devient la femme d'un autre ; mais en cas de mort du mari, elle est si bien affranchie de la loi qu'elle n'est pas adultère en devenant la femme d'un autre » (Rm 7, 2-3).

« Le divorce est une offense grave à la loi naturelle. Il prétend briser le contrat librement consenti par les époux de vivre l'un avec l'autre jusqu'à la mort. Le divorce fait injure à l'Alliance de salut dont le mariage sacramentel est le signe. Le fait de contracter une nouvelle union, fût-elle reconnue par la loi civile, ajoute à la gravité de la rupture : le conjoint remarié se trouve alors en situation d'adultère public et permanent. Si le divorce civil reste la seule manière possible d'assurer certains droits légitimes, le soin des enfants ou la défense du patrimoine, il peut être toléré sans constituer une faute morale »[66]. Cependant, le divorce civil n'a aucun effet sur le mariage célébré validement à l'église qui lie les conjoints jusqu'à la fin de leur vie.

Jésus a ouvertement condamné les abandons de conjoints même en vue de remariage. Rencontrant une femme samaritaine au bord d'un puits, « il lui dit : "Va, appelle ton mari et reviens ici." La femme lui répondit : "Je n'ai pas de mari." Jésus lui dit : "Tu as bien fait de dire : Je n'ai pas de mari, car tu as eu cinq maris et celui que tu as maintenant n'est pas ton mari ; en cela tu dis vrai" » (Jn 4, 16-18). Ce n'est certainement pas pour qu'elle

---

66. *Catéchisme de l'Église Catholique*, n°2383-2384. L'ordre des phrases a été changé.

reste dans cette position matrimoniale que Jésus lui révèle sa situation adultère, car à une autre femme surprise en flagrant délit d'adultère, il déclara : « Moi non plus, je ne te condamne pas. Va, désormais ne pèche plus » (Jn 8, 11).

L'homme ou la femme peut être abandonné par son conjoint, ou bien être contraint par son conjoint d'accepter le divorce civil. Dans ce cas, le conjoint innocemment abandonné devra supporter avec patience la solitude, le rejet, et les autres difficultés liés à sa nouvelle situation. Il devra même continuer de prier pour son conjoint, cultiver le pardon qu'exige l'amour chrétien et rester disponible à reprendre éventuellement la vie maritale commune. Il ne se laissera pas entraîner dans une nouvelle union, même éphémère.

Dans certains cas graves, bien que le lien du mariage demeure, les époux peuvent et doivent même se séparer momentanément. C'est le cas par exemple où l'un des conjoints met en grave danger l'âme ou le corps de l'autre ou des enfants. Cependant, dès que le danger de mort n'existe plus, la vie commune doit être reprise[67].

Signalons qu'il arrive qu'un mariage célébré à l'église soit déclaré nul, c'est-à-dire, que ce qui a été célébré n'a pas uni les époux. En effet, certaines conditions sont nécessaires pour la validité du mariage[68], et quand elles ont été découvertes plus tard, elles peuvent être la cause de nullité du mariage. C'est le cas par exemple du mariage sous contrainte (mariage forcé). Une fois le

---

67. Cf. canons 1151-1155.

68. Cf. canons 1083-1123.

mariage déclaré nul[69], ceux qui l'avaient contracté peuvent se marier (de nouveau) à l'église avec une autre personne.

En définitive, le mariage tel qu'il a été enseigné par Jésus a de graves exigences : c'est pour le meilleur et pour le pire. L'amour entre un homme et une femme mariés doit être à l'image du lien inséparable entre le Christ et son Église (Ep 5, 32). Le Christ a en effet accepté toute sorte de souffrances pour son Église, et sur la Croix, faisant fi de toutes ses douleurs a pardonné à ses ennemis : « Père, pardonne-leur car ils ne savent pas ce qu'ils font » (Lc 23, 34). Le Christ aime chacun de nous malgré nos péchés ; il est toujours prêt à nous pardonner et à nous accueillir si nous revenons à lui. Le Christ demande à ce que nos amours d'hommes, instables, égoïstes, soient élevés à l'image de son amour pour nous. « Bref, en ce qui vous concerne, que chacun aime sa femme comme soi-même, et que la femme révère son mari » (cf. Ep 5, 33).

3.1.2. *Le problème des divorcés « remariés »*

« Quiconque répudie sa femme et en épouse une autre, commet un adultère à son égard ; et si une femme répudie son mari et en épouse un autre, elle commet un adultère » (Mc 10, 11-12). A cause de ces paroles de Jésus, bien que compatissante, l'Église n'a pas d'autre choix que de refuser la sainte Communion et le sacrement de la réconciliation aux divorcés qui contractent une nouvelle union. Il leur est refusé de même le sacrement des malades, la possibilité d'être parrains ou marraines, des funérailles chrétiennes parce que là, ils persévèrent désor-

---

69. Pour bénéficier d'une annulation de mariage, il faut saisir le tribunal ecclésiastique. Les curés peuvent donner de plus amples informations. Tant qu'un mariage n'est pas déclaré nul, il est à considéré comme valide et les conjoints, même s'ils sont séparés commettent l'adultère s'ils vont avec une autre personne.

mais dans le péché grave et manifeste d'adultère. Leur situation est très similaire à celle des jeunes vivant en concubinage.

« L'expérience quotidienne montre, malheureusement, que ceux qui ont recours au divorce envisagent presque toujours de passer à une nouvelle union, évidemment sans cérémonie religieuse catholique. Et comme il s'agit là d'un fléau qui, comme les autres, s'attaque de plus en plus largement aux milieux catholiques eux-mêmes, il faut d'urgence affronter ce problème avec la plus grande sollicitude. L'Église, en effet, instituée pour mener au salut tous les hommes, et en particulier les baptisés, ne peut pas abandonner à eux-mêmes ceux qui – déjà unis dans les liens du sacrement de mariage – ont voulu passer à d'autres noces. Elle doit donc s'efforcer, sans se lasser, de mettre à leur disposition les moyens de salut qui sont les siens.

Il y a en effet une différence entre ceux qui se sont efforcés avec sincérité de sauver un premier mariage et ont été injustement abandonnés, et ceux qui par une faute grave ont détruit un mariage canoniquement valide. Il y a enfin le cas de ceux qui ont contracté une seconde union en vue de l'éducation de leurs enfants, et qui ont parfois, en conscience, la certitude subjective que le mariage précédent, irrémédiablement détruit, n'avait jamais été valide.

L'Église, cependant, réaffirme sa discipline, fondée sur l'Écriture Sainte, selon laquelle elle ne peut admettre à la communion eucharistique les divorcés remariés. Ils se sont rendus eux-mêmes incapables d'y être admis car leur état et leur condition de vie est en contradiction objective avec la communion d'amour entre le Christ et l'Église, telle qu'elle s'exprime et est rendue présente dans l'Eucharistie. Il y a par ailleurs un autre motif pastoral particulier : si l'on admettait ces personnes à l'Eucharistie, les fidèles seraient induits en erreur et comprendraient mal la doctrine de l'Église concernant l'indissolubilité du mariage »[70]. « Cette norme n'a aucun caractère punitif ni certes discriminatoire à l'égard des divorcés remariés, mais elle exprime plutôt une situation objective qui par elle-même rend impossible l'accès à la Communion eucharistique »[71].

Le Pape Jean-Paul II a aussi énoncé la concession suivante : « La réconciliation par le sacrement de pénitence [des divorcés remariés] – qui ouvrirait la voie au sacrement de l'Eucharistie – ne peut être accordée qu'à ceux qui se sont repentis d'avoir violé le signe de l'Alliance et de la fidélité au Christ, et sont sincèrement disposés à une forme de vie qui ne soit plus en contradiction avec l'indissolubilité du mariage. Cela implique concrètement que, lorsque l'homme et la femme ne peuvent pas, pour de graves motifs – par exemple l'éducation des enfants –, remplir l'obligation de la séparation, ils prennent l'engagement de vivre en complète continence, c'est-à-dire en s'abstenant des actes réservés aux époux [rapports sexuels, etc.] »[72]. Il appartient aux évêques de juger des cas où cela est applicable en écartant toute possibilité de scandale des fidèles.

Les divorcés remariés peuvent régulariser leur situation en demandant le sacrement de mariage à la mort du premier conjoint. Cependant, « qui en vue de contracter mariage avec une personne déterminée aura donné la mort au conjoint de cette personne ou à son propre conjoint, attente invalidement ce mariage. Attentent aussi invalidement mariage entre eux ceux qui

---

70. Jean-Paul II, *Exhortation apostolique Familiaris consortio sur les tâches de la famille chrétienne dans le monde d'aujourd'hui*, n°84.

71. Congrégation pour la Doctrine de la Foi, *Lettre aux évêques de l'Église catholique sur l'accès à la communion eucharistique de la part des fidèles divorcés-remariés*, n°4.

72. Jean-Paul II, *Exhortation apostolique Familiaris consortio sur les tâches de la famille chrétienne dans le monde d'aujourd'hui*, n°84.

ont donné la mort à leur conjoint par une action commune physique ou morale »[73].

N'oublions pas que « les divorcés remariés, malgré leur situation, continuent d'appartenir à l'Église, qui les suit avec une attention spéciale, désirant qu'ils développent, autant que possible, un style de vie chrétien, par la participation à la Messe, mais sans recevoir la Communion, par l'écoute de la Parole de Dieu, par l'adoration eucharistique et la prière, par la participation à la vie de la communauté, par le dialogue confiant avec un prêtre ou un guide spirituel, par le dévouement à la charité vécue et les œuvres de pénitence, par l'engagement dans l'éducation de leurs enfants.

Mariage et famille sont des institutions qui doivent être promues et garanties de toute équivoque possible quant à leur vérité, parce que tout dommage qui leur est causé constitue de fait une blessure pour la convivialité humaine comme telle »[74].

Il n'est pas rare que sous nos cieux, pour des raisons égoïstes et érotiques, des hommes chassent leur femme pour en prendre une autre, ou bien, laissant leur épouse avec ses enfants, ils aménagent ailleurs avec une autre femme. Ironie du sort, lorsqu'ils sont atteints de graves maladies, la femme illégitime les délaisse, car la relation était basée sur l'intérêt, le plaisir et l'argent. Il est alors courant que la famille envoie une délégation chez l'épouse légitime pour lui demander de faire miséricorde et de venir s'occuper de son époux malade. On pourrait se demander pourquoi il n'y a pas eu une telle délégation auprès du mari pour le raisonner lors de sa séparation avec son épouse. Nombreuses sont les femmes qui au nom de leur foi, au nom de

---

73. Canon 1090. C'est le crime de conjugicide.

74. Benoît XVI, *Exhortation apostolique post-synodale Sacramentum caritatis sur l'Eucharistie source et sommet de la vie et de la mission de l'Église*, n°29.

l'ordre de Jésus de pardonner soixante-dix sept fois (Mt 18, 21), acceptent cette dure proposition, après tant d'années d'humiliations et de rejet. Et nombreux sont ces hommes qui meurent en demandant pardon pour ce comportement insensé. Quand la mort n'a pas eu raison d'eux, ils sont les premiers, à l'image du fils prodigue, à demander à rejoindre leur épouse, « non pas en tant que mari, mais seulement comme habitant de la maison » (cf. Lc 15, 19). Ce n'est pas mieux ainsi ?

3.1.3. Cas des divorcés non remariés

« Divers motifs, tels l'incompréhension réciproque, l'incapacité de s'ouvrir à des relations interpersonnelles, etc., peuvent amener à une brisure douloureuse, souvent irréparable, du mariage valide. Il est évident que l'on ne peut envisager la séparation que comme un remède extrême après que l'on ait vainement tenté tout ce qui était raisonnablement possible pour l'éviter.

La solitude et d'autres difficultés encore sont souvent le lot du conjoint séparé, surtout s'il est innocent. Dans ce cas, il revient à la communauté ecclésiale de le soutenir plus que jamais, de lui apporter estime, solidarité, compréhension et aide concrète afin qu'il puisse rester fidèle même dans la situation difficile qui est la sienne ; de l'aider à cultiver le pardon qu'exige l'amour chrétien et à rester disponible à une éventuelle reprise de la vie conjugale antérieure.

Le cas du conjoint qui a été contraint au divorce [sur le plan civil] est semblable lorsque, bien conscient de l'indissolubilité du lien du mariage [catholique] valide, il ne se laisse pas entraîner dans une nouvelle union, et s'emploie uniquement à remplir ses devoirs familiaux et ses responsabilités de chrétien. Alors, son témoignage de fidélité et de cohérence chrétienne est d'une valeur toute particulière pour le monde et pour l'Église ; celle-ci doit plus que jamais lui apporter une aide pleine de sollicitude affectueuse, sans qu'il y ait aucun obstacle à son admission aux sacrements »[75].

Ainsi donc, un(e) divorcé(e) qui n'est pas remarié(e) et qui ne vit pas en concubinage peut communier et recevoir les autres sacrements dans les mêmes conditions que les autres fidèles. Néanmoins, il est toujours bon de rencontrer un prêtre pour lui exposer la situation concrète.

3.2. La polygamie

3.2.1. *La gravité de la polygamie*

La polygamie désigne dans l'Église la situation d'une personne ayant contracté simultanément des unions multiples. Elle est comprise sous ses deux formes : plusieurs femmes pour un même homme (polygynie), et plusieurs hommes pour une seule femme (polyandrie). La première situation est la plus courante un peu partout dans le monde. Cependant, aucune d'elles n'est acceptable.

« Il n'est pas bon que l'homme soit seul. Il faut que je lui fasse une aide qui lui soit assortie » dit le Seigneur (Gn 2, 18). Après quoi, il créa la femme et l'amena à l'homme et dit : « l'homme quitte son père et sa mère et s'attache à sa femme, et ils deviennent une seule chair » (Gn 2, 24). Remarquons qu'il est bien dit « sa » femme, et non « ses » femmes. La volonté du créateur dès l'origine de l'humanité est le mariage monogamique entre homme et une femme.

C'est à la suite du péché – le péché d'Adam et Ève (Gn 3, 1-7) ainsi que le meurtre d'Abel (Gn 4, 1-16) – que l'on voit apparaître le premier couple polygame : « Lamek prit deux femmes :

---

75. Jean-Paul II, *Exhortation apostolique Familiaris consortio sur les tâches de la famille chrétienne dans le monde d'aujourd'hui*, n°83.

le nom de la première était Ada et le nom de la seconde Cilla »
(Gn 4, 19). Dans l'Ancien Testament, plusieurs personnages
juifs, aimés de Dieu, ont eu plusieurs femmes, sans que cela ne
pose problème (Abraham, David, Salomon, etc.). Cela est dû au
fait que Dieu a révélé progressivement ses commandements et
qu'à ce moment là, la loi de la monogamie n'était pas encore
communiquée.

Il faut attendre le prophète Malachie (environ 500 ans avant
Jésus-Christ) pour fustiger le divorce et la polygamie : « Voici
une seconde chose que vous faites : vous couvrez de larmes l'au-
tel de Yahvé, avec lamentations et gémissements, parce qu'il se
refuse à se pencher sur l'offrande et à l'agréer de vos mains. Et
vous dites : Pourquoi ? – C'est que Yahvé est témoin entre toi et
la femme de ta jeunesse que tu as trahie, bien qu'elle fût ta com-
pagne et la femme de ton alliance. N'a-t-il pas fait un seul être,
qui a chair et souffle de vie ? Et cet être unique, que cherche-t-
il ? Une postérité donnée par Dieu ! Respect donc à votre vie, et
la femme de ta jeunesse, ne la trahis point ! Car je hais la répu-
diation, dit Yahvé le Dieu d'Israël, et qu'on recouvre l'injustice
de son vêtement, dit Yahvé Sabaot. Respect donc à votre vie, et
ne commettez pas cette trahison ! » (Ml 2, 13-16)

A la question « Est-il permis de répudier sa femme pour n'importe quel motif ? », Jésus répondit : « N'avez-vous pas lu que le
Créateur, dès l'origine, les fit homme et femme, et qu'il a dit :
Ainsi donc l'homme quittera son père et sa mère pour s'attacher
à sa femme, et les deux ne feront qu'une seule chair ? Ainsi ils
ne sont plus deux, mais une seule chair. Eh bien ! Ce que Dieu a
uni, l'homme ne doit point le séparer » (Mt 19, 3-6). Jésus réaffirme la volonté originelle de Dieu qui ne veut pas de la polygamie. Depuis lors, la polygamie est vue comme chose détestable
dans l'Église catholique. Les publications de mariage servent à
limiter les tentatives de fraude.

« La communion conjugale plonge ses racines dans la complémentarité naturelle qui existe entre l'homme et la femme, et se nourrit grâce à la volonté personnelle des époux de partager la totalité de leur projet de vie, ce qu'ils ont et ce qu'ils sont : en cela, une telle communion est le fruit et le signe d'une exigence profondément humaine. Mais dans le Christ Seigneur, Dieu prend cette exigence, il la confirme, la purifie et l'élève, la menant à sa perfection par le sacrement de mariage : l'Esprit Saint répandu au cours de la célébration sacramentelle remet aux époux chrétiens le don d'une communion nouvelle, communion d'amour, image vivante et réelle de l'unité tout à fait singulière qui fait de l'Église l'indivisible Corps mystique du Christ.

[Cependant] la polygamie s'oppose radicalement à une telle communion : elle nie en effet de façon directe le dessein de Dieu tel qu'il nous a été révélé au commencement, elle est contraire à l'égale dignité personnelle de la femme et de l'homme, lesquels dans le mariage se donnent dans un amour total qui, de ce fait même, est unique et exclusif. L'égale dignité personnelle qu'il faut reconnaître à la femme et à l'homme dans l'amour plénier qu'ils se portent l'un à l'autre fait clairement apparaître l'unité du mariage, confirmée par le Seigneur »[76]. La polygamie ternit l'image éclatante du mariage tel qu'il est voulu par Dieu[77].

Par conséquent, le chrétien qui prend plus d'une épouse et la chrétienne qui devient l'épouse d'un homme déjà marié – quelque soit la forme de mariage contractée par cet homme (mariage civil, coutumier ou selon les rites d'autres religions) – deviennent immédiatement par ce fait de polygamie en situation

---

76. Jean-Paul II, *Exhortation apostolique Familiaris consortio sur les tâches de la famille chrétienne dans le monde d'aujourd'hui*, n°19.

77. Cf. Concile Vatican II, *Constitution pastorale sur l'Église dans le monde de ce temps Gaudium et spes*, n° 47.

d'adultère permanent et considérés comme des « pécheurs publics ».

En outre, on peut bien distribuer de l'argent ou des biens matériels équitablement entre plusieurs personnes. Quant à l'amour entre conjoints, il doit être exclusif ; il est fallacieux de penser que l'amour peut être équitablement partagé entre plusieurs épouses, chacune étant unique en son genre avec une sensibilité qui lui est propre. En dignité, la femme n'est pas une demi-personne, ni un tiers, un quart ou une fraction moindre de personne, de sorte qu'un homme puisse contracter mariage avec deux, trois, quatre ou un nombre plus grand de femmes, et généralement sans le consentement de celle(s) déjà épousée(s).

C'est pourquoi, dans les pays où la loi civile ne reconnaît pas la pleine dignité de la femme et du mariage en autorisant la polygamie, les chrétiens devraient choisir l'option monogamie lorsqu'ils se marient à la mairie. Tous, hommes et femmes, ne naissent-ils pas libres et égaux devant la loi ? L'existence de l'option polygamie ne donne-t-elle pas plus de droits aux hommes qui peuvent avoir plusieurs épouses alors que les femmes ne sont pas autorisées à avoir plusieurs maris ?

Certains prétendent sans honte qu'il vaut mieux être polygame et « fidèle » à ses femmes plutôt que monogame et infidèle. Il faut d'abord noter qu'aucune de ces situations n'est conforme à l'Évangile. De plus, le monogame infidèle a conscience que son infidélité n'est pas louable et il lui est plus facile de revenir sur le droit chemin. Par contre, le polygame n'a même pas conscience qu'il est en situation d'adultère, que son adultère est plus grave parce que public. C'est tout le contraire. Il lui est plus difficile de revenir à une situation régulière. Et qui peut prouver qu'aucun polygame n'entretient d'autres liaisons en dehors de ses femmes officiellement connues ?

Nous n'avons pas à juger nos grands parents qui, vivant sans la lumière de l'Évangile et selon les exigences sociales et culturelles de leur époque pratiquaient la polygamie. C'est pourquoi, l'Église « comprend le drame de celui qui, désireux de se convertir à l'Évangile, se voit obligé de répudier une ou plusieurs femmes avec lesquelles il a partagé des années de vie conjugale. Cependant la polygamie ne s'accorde pas à la loi morale. Elle s'oppose radicalement à la communion conjugale. Le chrétien ancien polygame est gravement tenu en justice d'honorer les obligations contractées à l'égard de ses anciennes femmes et de ses enfants »[78].

Par ailleurs, des études ont montré que la polygamie est un facteur supplémentaire de propagation des infections sexuellement transmissibles comme le SIDA[79]. Autrefois, il était illogique qu'un homme puisse s'occuper de la veuve de son frère défunt (avec ses enfants) sans l'avoir pour femme. Suite à l'apparition du VIH/SIDA, la diminution nette de cette pratique – le lévirat –, qui était un besoin social et culturel, montre bien qu'il est bien possible d'aider chastement les veuves.

Enfin, un comportement bien déplorable est celui de certains polygames de « libérer » l'une de leurs femmes pour en épouser une autre. Jésus a ouvertement condamné les abandons de conjoints même en vue de remariage, même dans la monogamie. Lors de sa discussion avec la femme samaritaine, « il lui dit : "Va, appelle ton mari et reviens ici." La femme lui répondit : "Je n'ai pas de mari." Jésus lui dit : "Tu as bien fait de dire : Je n'ai

---

78. *Catéchisme de l'Église Catholique*, n° 2387.

79. Cf. Jacques SIMPORE, *Prévention de la transmission verticale du VIH : enjeux biomédicaux, implications éthiques, juridiques et culturelles*, Facultate Bioethicæ Pontificii Athenaei Regina Apostolorum, Rome 2011, pp. 133-135 ; François SEDGO, *Prévention SIDA et éducation chrétienne de la sexualité humaine*, pp. 45-46.

pas de mari, car tu as eu cinq maris et celui que tu as maintenant n'est pas ton mari ; en cela tu dis vrai" » (Jn 4, 16-18).

Pense-t-on souvent au devenir de ces femmes qu'en général personne ne remarie, à leur sentiment d'être utilisées puis jetées lorsqu'elles ne sont plus « compétitives » avec les jeunes filles ? Se soucie-t-on assez du sort de leurs enfants, gravement déchirés par la séparation de leurs parents pour le motif que papa a vu une plus belle ? Et si on admettait cette logique de remplacement, combien de fois sera-t-elle effectuée par le mari ? 5 fois comme la samaritaine ou infiniment ? Car des plus belles et des plus jeunes, il y en aura toujours. Et ce contexte est favorable à l'inceste, lorsque la nouvelle venue est de la même tranche d'âge voire plus jeune que certains enfants du mari, comme cela arrive souvent : « On n'entend parler que d'inconduite parmi vous, et d'une inconduite telle qu'il n'en existe pas même chez les païens ; c'est à ce point que l'un de vous vit avec la femme de son père … » (1 Co 5, 1).

3.2.2. *Problématique de la conversion des polygames*

La polygamie pose problème pour l'accès aux sacrements, car dans le mariage, le chrétien vertueux est « le mari d'une seule femme » (1 Tm 3, 2.12 ; Tt 1, 6) et la chrétienne exemplaire « la femme d'un seul mari » (1 Tm 5, 9 ; Jn 4, 17-18). Il y a deux cas de figures.

En premier lieu, le chrétien qui prend une autre femme, ou bien la chrétienne qui devient une épouse supplémentaire d'un autre homme déjà marié (même si le mariage en question n'est pas un mariage catholique) est d'office en situation irrégulière à cause de son adultère permanent et public. Cela va à l'encontre de la monogamie. Comme dans le cas du concubinage des jeunes, ils ne peuvent plus communier ni se confesser ni recevoir l'onction des malades avant d'avoir quitté cette situation obstinée de péché grave et manifeste. Ils ne peuvent pas devenir parrain ou marraine[80]. Ils ne peuvent pas en cas de décès bénéficier d'une messe d'obsèques[81].

« En effet, si, après avoir fui les souillures du monde par la connaissance du Seigneur et Sauveur Jésus Christ, ils s'y engagent de nouveau et sont dominés, leur dernière condition est devenue pire que la première. Car mieux valait pour eux n'avoir pas connu la voie de la justice, que de l'avoir connue pour se détourner du saint commandement qui leur avait été transmis. Il leur est arrivé ce que dit le véridique proverbe : Le chien est retourné à son propre vomissement, et : La truie à peine lavée se roule dans le bourbier » (2 P 2, 20-22). Ceux qui, pour limiter les reproches et se donner bonne conscience se déclarent alors d'une autre religion où cette pratique ignoble est célébrée et fêtée au nom de Dieu, augmentent la gravité de leur situation, car ils rejettent ainsi le Christ et son Église à cause du plaisir de la chair. Jésus n'a-t-il pas dit : « celui qui m'aura renié devant les hommes, à mon tour je le renierai devant mon Père qui est dans les cieux » (Mt 10, 33) ?

Le deuxième cas est celui de la conversion des conjoints d'une famille polygame (le mari ou l'une de ses femmes). C'est une situation complètement différente. Dans le premier cas, l'Évangile est connu, mais méprisé. Dans le second, l'Évangile qu'ils ne connaissaient pas les a trouvés en situation de polygamie et c'est leur droit de vouloir suivre le Christ.

---

80. Cf. canon 874.

81. « Doivent être privés des funérailles ecclésiastiques, à moins qu'ils n'aient donné quelque signe de pénitence avant leur mort : les apostats, hérétiques et schismatiques notoires ; les personnes qui auraient choisi l'incinération de leur propre corps pour des raisons contraires à la foi chrétienne ; les autres pécheurs manifestes, auxquels les funérailles ecclésiastiques ne peuvent être accordées sans scandale public des fidèles » (canon 1184 § 1).

« La conversion des polygames à la foi chrétienne créait et crée toujours des problèmes pastoraux épineux, souvent sans solution pour leur admission au baptême ainsi que le baptême de leurs conjoints et de leurs enfants »[82] parce que l'Église, bien que compatissante à la situation concrète des personnes, n'a pas d'autre choix que d'appliquer fidèlement l'Évangile.

La règle est la suivante : le catéchumène polygame qui se convertit et demande le baptême doit choisir de rester avec une seule femme (de préférence sa première épouse, à défaut n'importe quelle des femmes), et renvoyer les autres, car la monogamie est de rigueur pour tous les disciples mariés du Christ, et constitue une condition sine qua non pour la réception du baptême[83].

Il existe cependant des cas de polygames qui demandent le baptême pour lesquels, il est difficile d'abandonner la deuxième ou la troisième épouse, avec lesquelles ils ont d'ailleurs des enfants, et qui veulent être baptisés et participer à la vie de l'Église. Ceux là, à la fin de la catéchèse, font une « promesse de vie chrétienne » et reçoivent à cette occasion une bénédiction particulière, mais pas le sacrement de baptême. Ils peuvent prendre activement part aux activités de l'Église. Bien entendu, le baptême leur sera administré lorsqu'ils sont à l'article de la mort, ou suite au décès d'une épouse (ou du mari pour les

---

82. Cardinal Philippe OUEDRAOGO, *Allocution au synode extraordinaire sur la famille*, Rome, 5-19 octobre 2014.

83. « Un homme non baptisé qui aurait en même temps plusieurs épouses non baptisées, s'il lui est dur, après avoir reçu le baptême dans l'Église catholique, de rester avec la première, peut garder n'importe laquelle après avoir renvoyé les autres. Cela vaut aussi de la femme non baptisée qui aurait en même temps plusieurs maris non baptisés » (canon 1148 § 1).

femmes)[84], et selon les circonstances déterminées prudemment par l'évêque.

Dans la pastorale, une attention toute particulière doit être accordée à « ceux qui entendent l'annonce de l'Évangile, provenant de cultures où se pratique la polygamie. Ceux qui se trouvent dans une telle situation et qui s'ouvrent à la foi chrétienne doivent être aidés pour intégrer leur projet humain dans la nouveauté radicale du Christ. Au cours du catéchuménat, le Christ les rejoint dans leur condition spécifique et il les appelle à la pleine vérité de l'amour, passant à travers les renoncements nécessaires, en vue de la communion ecclésiale parfaite. L'Église les accompagne par une pastorale pleine de douceur et en même temps de fermeté, en leur montrant surtout la lumière qui, venant des mystères chrétiens, se reflète sur la nature et sur les désirs humains »[85].

3.3. Le mariage forcé

« Malheureusement, le message chrétien sur la dignité de la femme est contredit par la mentalité persistante qui considère l'être humain non comme une personne mais comme une chose, comme un objet d'achat ou de vente, au service de l'intérêt égoïste et du seul plaisir. La première victime d'une telle mentalité est la femme »[86].

---

84. Doit être exclu le crime de conjugicide, car, « qui en vue de contracter mariage avec une personne déterminée aura donné la mort au conjoint de cette personne ou à son propre conjoint, attente invalidement ce mariage. Attentent aussi invalidement mariage entre eux ceux qui ont donné la mort à leur conjoint par une action commune physique ou morale » (canon 1090).

85. Benoît XVI, *Exhortation apostolique post-synodale Sacramentum caritatis sur l'Eucharistie source et sommet de la vie et de la mission de l'Église*, n° 28.

86. Jean-Paul II, *Exhortation apostolique Familiaris consortio sur les tâches de la famille chrétienne dans le monde d'aujourd'hui*, n° 24.

En conséquence, selon les dispositions prises par le droit particulier, dans l'Archidiocèse de Ouagadougou, les chrétiens et leurs complices qui ont donné coutumièrement leur fille en mariage et celui qui a reçu sans son consentement une femme qui lui a été donnée selon la coutume ne peuvent pas recevoir les sacrements, en particulier la sainte Communion, la confession, le sacrement des malades, tant que dure la situation et qu'ils ne se sont pas confessés chez le prêtre que l'évêque aura délégué[87].

Il est nécessaire de se rendre compte que la famille est « une école d'enrichissement humain. Mais, pour qu'elle puisse atteindre la plénitude de sa vie et de sa mission, elle exige une communion des âmes empreinte d'affection, une mise en commun des pensées entre les époux et aussi une attentive coopération des parents dans l'éducation des enfants. [...] Que les enfants soient éduqués de telle manière qu'une fois adultes, avec une entière conscience de leur responsabilité, ils puissent suivre leur vocation, y compris une vocation religieuse, et choisir leur état de vie, et que, s'ils se marient, ils puissent fonder leur propre famille dans des conditions morales, sociales et économiques favorables.

Il appartient aux parents ou aux tuteurs de guider les jeunes par des avis prudents, dans la fondation d'un foyer ; volontiers écoutés des jeunes, ils veilleront toutefois à n'exercer aucune contrainte, directe ou indirecte, sur eux, soit pour les pousser au mariage, soit pour choisir leur conjoint »[88]. « Sans méconnaître,

---

87. « Je rappelle et souligne donc la gravité des faits ci-après et reconduis les sanctions qu'encourent leurs auteurs : 1. Don des filles : suspension des sacrements applicable aux donateurs et aux destinataires ; refus de sépulture chrétienne ; interdiction d'être parrains/marraines et témoins de mariage ... » Jean-Marie Untaani COMPAORE, *Sel et lumière du monde : lettre pastorale post-synodale*, n° 30, juin 1999.

88. Concile Vatican II, *Constitution pastorale sur l'Église dans le monde de ce temps Gaudium et spes*, 52.

dans certaines cultures, le rôle traditionnel que jouent les familles pour orienter la décision de leurs enfants, toute contrainte qui empêcherait de choisir comme conjoint une personne déterminée doit être évitée »[89].

3.4. Le concubinage

3.4.1. *La gravité du concubinage*

Le concubinage désigne généralement le fait qu'un homme et une femme vivent ensemble comme mari et femme sans avoir célébré leur mariage à l'église. Le concubinage regroupe un vaste ensemble de situations : cohabitation de type sexuel de personnes célibataires, les divorcés remariés, le fait qu'une chrétienne devienne la deuxième (ou la énième) épouse d'un homme déjà marié, etc. Si la fornication déjà est un péché grave, que doit-on dire de ceux qui se sont mis dans une situation durable aux yeux de tous et sans gêne, dans laquelle ils commettent régulièrement la fornication ?

Le cas des divorcés-remariés et de la polygamie ont déjà été abordés plus haut. Dans ces situations, et plus généralement lorsqu'il y a un empêchement au mariage catholique entre les concubins[90], il n'y a pas d'autre régularisation chrétienne possible que la séparation, avec l'obligation de s'occuper des enfants nés de telles unions. Quand cela n'est pas (encore) possible pour des motifs graves, les cohabitants doivent au moins vivre

---

89. *Charte des droits de la famille*, article 2, a.

90. Il existe des empêchements au mariage tel que l'existence d'un lien antérieur, la réception du sacrement de l'ordre, la profession de vœu perpétuel de chasteté dans un Institut religieux, le rapt ou la détention forcée, le crime de conjugicide, la consanguinité, l'affinité ou parenté par alliance, etc. Cf. canons 1083-1123 et Jacob YODA, *Ce qu'il faut savoir sur le mariage chrétien chez les catholiques*, pp. 10-19.

en frères et sœurs, c'est-à-dire dans l'abstinence, en attendant la régularisation.

Le cas le plus usuel de concubinage est celui des jeunes qui s'établissent ensemble pour diverses raisons. Le plus souvent, ils ont commencé à coucher ensemble, puis à passer de plus en plus de temps ensemble chez l'un ou chez l'autre. Progressivement le déménagement intervient pour éviter les va-et-vient ou pour économiser en payant un seul loyer au lieu de deux, ou encore pour cesser d'entendre les reproches faits par les parents. Chez d'autres, c'est à la suite d'une grossesse. Là, les facteurs culturels et sociaux contraignent plus ou moins l'homme à prendre la femme chez lui. Certains encore commencent la cohabitation après la célébration d'un mariage coutumier, civil, musulman ou protestant (quand l'un d'eux n'est pas catholique). Untel ou unetelle veut tester la vie à deux avant de s'engager comme si une personne humaine était une marchandise que l'on peut essayer avant de prendre ou laisser. Il y a aussi des jeunes filles compatissantes qui vont aider des veufs à prendre soin de leurs enfants en bas âge et qui finissent par prendre soin du veuf lui-même tout en logeant chez lui.

« Le cas de catholiques qui, pour des motifs idéologiques ou pour des raisons pratiques, préfèrent contracter un mariage civil, [coutumier, ou un mariage selon les rites d'une autre religion] refusant ou repoussant à plus tard la célébration du mariage religieux [catholique], devient de plus en plus fréquent. On ne peut considérer que leur situation soit semblable à celle de ceux qui vivent ensemble sans aucun lien, car il y a au moins un certain engagement dans un état de vie précis et probablement stable, même si, souvent, la perspective d'un éventuel divorce n'est pas étrangère à cette décision. Malgré cela, l'Église ne peut pas non plus accepter cette situation »[91].

Cela est dû au fait que « la sexualité n'est pas quelque chose de purement biologique, mais a plutôt rapport avec le centre intime de la personne. L'usage de la sexualité comme donation physique de soi atteint sa vérité et sa pleine signification quand elle exprime la donation personnelle de l'homme et de la femme jusqu'à la mort »[92], qui est manifeste dans le mariage chrétien mais absent dans le concubinage. Par suite, les concubins vivent publiquement dans le péché de fornication et sont appelés « pécheurs publics », « pécheurs graves manifestes ».

En fait, les autres formes de mariage ne reconnaissent pas toutes les propriétés essentielles du mariage catholique : l'unité et l'indissolubilité. L'unité exprime le fait que le mariage soit l'alliance conclue entre un homme et une femme qui s'engagent à vivre dans l'amour et la fidélité tout en reconnaissant l'égale dignité de l'homme et de la femme voulue par Dieu. Cela exclut entre autres les unions homosexuelles et la polygamie. L'indissolubilité est assimilable à l'absence de divorce.

Le mariage civil est très utile et recommandé parce qu'il protège la famille sur le plan civil et confère certains droits dans l'administration. Cependant, dans le *Code des personnes et de la famille* burkinabè (1989), « la polygamie est admise dans certaines conditions » (article 232). De plus, « le divorce peut résulter du consentement mutuel des époux constaté par le tribunal civil ou d'une décision judiciaire prononçant la dissolution du mariage à la demande de l'un des époux » (article 354)[93].

---

91. Jean-Paul II, *Exhortation apostolique Familiaris consortio sur les tâches de la famille chrétienne dans le monde d'aujourd'hui*, n°82.

92. Conseil pontifical pour la famille, *Vérité et signification de la sexualité humaine : des orientations pour l'éducation en famille*, n°3.

Quand l'un des fiancés n'est pas catholique, le mariage suivant les rites de sa religion est légitime afin de permettre à la partie non catholique de bien vivre sa foi. Cependant, il existe un très grand nombre d'églises et de sectes protestantes qui n'ont pas la même conception du mariage[94]. En cas de difficulté, il suffit en général de changer d'église pour obtenir la bénédiction d'une nouvelle union à la suite d'un divorce. D'ailleurs, c'est un fait bien connu que certains pasteurs incitent leurs fidèles à se séparer de leur mari ou de leur femme quand ce dernier refuse de se convertir[95]. Les mariages coutumier et musulman admettent le divorce et la polygamie, et l'égale dignité de l'homme et de la femme dans le foyer n'est pas la chose la mieux partagée.

---

93. « Le divorce par consentement mutuel peut avoir lieu sur demande conjointe des époux ou par suite d'un accord postérieur constaté devant le juge au contentieux. Lorsque les époux demandent ensemble le divorce, ils n'ont pas à en faire connaître les motifs ; ils doivent seulement soumettre à l'approbation du juge un projet de convention qui en règle les conséquences » (article 355).

94. Pour une étude sur le mariage protestant, voir : Roger OUEDRAOGO, *Mariages dispars : propositions canoniques et pastorales pour une législation particulière au Burkina Faso*, Ottawa 2011, Université Saint-Paul, pp. 36-40.

95. La raison serait biblique : « Ne formez pas d'attelage disparate avec des infidèles. Quel rapport en effet entre la justice et l'impiété ? Quelle union entre la lumière et les ténèbres ? Quelle entente entre le Christ et Béliar ? Quelle association entre le fidèle et l'infidèle ? » (2 Co 6, 14-15). Ce passage, lu dans son contexte invite plutôt à ne pas être complice des malfaisants dans le mal qu'ils commettent. Pourtant sur le mariage avec disparité de culte, l'enseignement est clair : « si un frère a une femme non croyante qui consente à cohabiter avec lui, qu'il ne la répudie pas. Une femme a-t-elle un mari non croyant qui consente à cohabiter avec elle, qu'elle ne répudie pas son mari. En effet le mari non croyant se trouve sanctifié par sa femme, et la femme non croyante se trouve sanctifiée par le mari croyant. Car autrement, vos enfants seraient impurs, alors qu'ils sont saints ! » (1 Co 7, 12-14)

« C'est un devoir fondamental pour l'Église d'affirmer encore et avec force la doctrine de l'indissolubilité du mariage : à ceux qui, de nos jours, pensent qu'il est difficile, voire impossible, de se lier à quelqu'un pour la vie, à ceux encore qui sont entraînés par une culture qui refuse l'indissolubilité du mariage et qui méprise même ouvertement l'engagement des époux à la fidélité, il faut redire l'annonce joyeuse du caractère définitif de cet amour conjugal, qui trouve en Jésus-Christ son fondement et sa force »[96].

Le concubinage est bien déplorable sur le plan de la foi et compromet même le mariage. Le risque de se séparer est plus grand chez les couples vivant en concubinage que chez les couples mariés. De plus, à durée de vie commune identique, les couples mariés ont généralement moins de problèmes que les couples vivant en concubinage. La raison est toute simple : dans le concubinage, chaque partenaire a conscience que du jour au lendemain, il peut y avoir séparation. Cette inquiétude permanente, plus accentuée chez la femme, est à l'origine de nombreuses méfiances et réserves qui favorisent les disputes et les mésententes qui s'accumulent au fil du temps. Dans de telles conditions, les concubins ne sont pas rassurés à demander le sacrement de mariage, même lorsqu'ils ont conscience qu'ils sont à porte-à-faux avec Dieu et son Église.

Cependant, on ne peut pas obliger quelqu'un à se marier, fût-il en concubinage, car le mariage exige un engagement en toute liberté devant Dieu et les hommes à aimer fidèlement son conjoint jusqu'à ce que la mort intervienne. On peut seulement selon les cas encourager au mariage en expliquant clairement et avec charité les bienfaits de ce sacrement, inciter à l'abstinence en attendant la régularisation, ou bien exhorter à la séparation

---

96. Jean-Paul II, *Exhortation apostolique Familiaris consortio sur les tâches de la famille chrétienne dans le monde d'aujourd'hui*, n°20.

quand les deux n'envisagent pas de se marier, selon la recommandation de l'Apôtre : « Nous vous y engageons, frères, reprenez les désordonnés, encouragez les craintifs, soutenez les faibles, ayez de la patience envers tous » (1 Th 5, 14).

L'Église catholique n'exige pas un mariage pompeux mais seulement la célébration du sacrement de mariage. Rester en situation de péché grave et public par manque d'argent pour organiser un grand mariage procède plutôt de l'orgueil et de l'insouciance vis-à-vis de Dieu. Parfois, il s'agit d'un manque de confiance à la Providence divine, puisque Dieu peut nous aider dans tout ce que nous entreprenons : c'est à Cana que Jésus a accompli son premier signe sur l'intercession de la Vierge Marie, pour que la fête des noces soit belle. Mais très souvent, l'argument financier est un faux problème, une raison toute faite qui cache en réalité la peur de prendre ses responsabilités devant Dieu et devant les hommes.

Par ailleurs, le concubinage selon le langage juridique de l'Église (droit canon), désigne une union stable entre un homme et une femme qui comprend des relations sexuelles sans qu'il n'y ait mariage. Ainsi, contrairement à la conception commune, la cohabitation n'est pas une condition nécessaire pour qu'il y ait concubinage : une relation sexuelle régulière, établie sur une entente au moins implicite suffit, qu'il y ait cohabitation ou pas. Ainsi, les « deuxièmes bureaux », les maîtresses, les relations copains-copines qui ne sont pas chastes sont tous des cas de concubinage[97], alors que le Seigneur insiste pour « que le mariage soit honoré de tous et le lit nuptial sans souillure, car Dieu jugera fornicateurs et adultères » (He 13, 4).

---

97. Cf. Jacob YODA, *Ce qu'il faut savoir sur le mariage chrétien chez les catholiques*, p. 7.

3.4.2. *Concubinage et sacrements*

Le concubinage pose un problème à la réception des sacrements en raison du manque de cohérence entre la vie menée et la foi professée.

L'Eucharistie

La fornication est un péché mortel qui empêche la réception de la sainte Communion. En rappel, « que chacun donc s'éprouve soi-même, et qu'ainsi il mange de ce pain et boive de cette coupe ; car celui qui mange et boit, mange et boit sa propre condamnation, s'il ne discerne le Corps » (1 Co 11, 28-29). A plus forte raison, ceux qui sont en concubinage ne doivent pas recevoir la sainte Eucharistie. Nous parlerons ici du concubinage entre personnes libres, les autres cas (divorcés remariés, polygames) seront traités ultérieurement.

Selon le droit de l'Église, « les excommuniés et les interdits, après l'infliction ou la déclaration de la peine et ceux qui persistent avec obstination dans un péché grave et manifeste, ne seront pas admis à la sainte communion »[98]. Les hommes et les femmes en état de concubinage avec ou sans cohabitation, puisque n'ayant pas célébré de mariage à l'église, appartiennent précisément à la catégorie de « ceux qui persistent avec obstination dans un péché grave et manifeste ».

Le sacrement de la réconciliation

La confession n'est pas possible à ceux qui vivent en concubinage. La raison est que pour que la confession soit valide, le pénitent regrette ses péchés et s'engage à lutter contre le péché.

---

98. Canon 915.

Cela est exprimé à travers l'acte de contrition : « Mon Dieu, j'ai un très grand regret de t'avoir offensé parce que tu es infiniment bon, infiniment aimable et que le péché te déplaît. Je prends la ferme résolution, avec le secours de ta sainte grâce, de ne plus t'offenser et de faire pénitence ». Or le regret sincère et la lutte contre la fornication sont compromis par le fait même de concubinage. C'est pourquoi l'absolution n'est pas possible. Pour que le regret soit sincère, il faut qu'il y ait des signes de conversion, notamment soit la séparation, soit l'engagement dans le mariage.

Certains couples qui cohabitent ayant compris la gravité de leur situation décident de vivre dans l'abstinence sexuelle en attendant leur mariage. Certaines femmes et certains hommes décident unilatéralement de se refuser à leur partenaire en attendant la régularisation. Cela est déjà une bonne chose. Seulement, l'entourage ne peut pas connaître le secret de leur lit, et même s'ils en parlaient, ils ne seraient pas crédibles. Ces couples restent des exemples à ne pas suivre pour ceux qui les regardent tant qu'ils ne sont pas mariés.

Lorsqu'une personne est parvenue à l'article de la mort, c'est-à-dire qu'elle est sur le point de mourir, même s'il y a une situation d'empêchement, tout prêtre a la faculté d'exercer la miséricorde de Dieu pour sauver son âme en lui donnant l'absolution de tous ses péchés[99]. Cependant, il est périlleux d'attendre l'article de la mort pour chercher à être en règle avec le Seigneur (cf. Mt 25, 13 ; Lc 14, 31-32 ; 2 P 3, 9-10).

Le sacrement des malades

---

99. Canon 976.

En cas de danger pour cause de maladie ou de vieillesse, les chrétiens peuvent demander le sacrement des malades. Cependant, « l'onction des malades ne sera pas donnée à ceux qui persévèrent avec obstination dans un péché grave manifeste »[100].

Il est heureux que certaines personnes acceptent finalement de régulariser leur situation par la célébration du mariage sur leur lit d'hôpital et reçoivent à l'occasion le sacrement de la réconciliation et l'onction des malades. C'est cependant en même temps triste. Pourquoi avoir attendu si longtemps ? Pourquoi n'avoir pas accueilli la grâce du mariage plus tôt, dans une église, pour une meilleure vie à deux dans le Seigneur ? Sans oublier qu'ils ne sont que quelques privilégiés à bénéficier de la présence du prêtre à l'article de la mort.

Le baptême

Il arrive qu'un(e) baptisé(e) vive en concubinage avec une personne non chrétienne qui, poussée par l'Esprit Saint s'inscrit à la catéchèse en vue de recevoir le baptême. Dans ce cas, on prend le soin de dire au partenaire non chrétien qu'il/elle ne pourra pas recevoir le baptême tant qu'ils n'auront pas célébré leur mariage à l'église. Le catéchumène est averti longtemps à l'avance, souvent même au moment de l'inscription pour que si le couple décide de se marier, ce ne soit pas comme par contrainte, par formalité à cause de la demande de baptême. Malheureusement, il arrive que ces catéchumènes finissent tout le cursus de la catéchèse et que leur concubin(e) chrétien(ne) néglige ou refuse le sacrement de mariage. La situation perdure parfois, et il arrive que le partenaire non baptisé meure sans recevoir le baptême. Quelle dureté de cœur !

---

100. Canon 1007.

De plus, ceux qui vivent en concubinage ne peuvent être parrains ou marraines de baptême, car « pour que quelqu'un soit admis à remplir la fonction de parrain, il faut qu'il soit catholique, confirmé, qu'il ait déjà reçu le très saint sacrement de l'Eucharistie et qu'il mène une vie cohérente avec la foi et avec la fonction qu'il va assumer »[101].

Les funérailles chrétiennes – la vie éternelle

Le concubinage est une situation embarrassante pour l'entourage en cas de décès, car « doivent être privés des funérailles ecclésiastiques, à moins qu'ils n'aient donné quelque signe de pénitence avant leur mort : 1. les apostats, hérétiques et schismatiques notoires ; 2. les personnes qui auraient choisi l'incinération de leur propre corps pour des raisons contraires à la foi chrétienne ; 3. les autres pécheurs manifestes, auxquels les funérailles ecclésiastiques ne peuvent être accordées sans scandale public des fidèles »[102]. On voit alors souvent des familles tenter l'impossible afin d'obtenir la célébration des messes d'enterrement particulièrement quand le défunt est une personnalité ou si sa famille a de la notoriété. Au cas où une telle supercherie réussissait, cela ne manquerait pas de scandaliser le peuple de Dieu, surtout quand la presse rapporte les funérailles d'un personnage bien connu.

Il n'est pas souhaitable qu'un chrétien meure en état de péché grave. Le jugement revient à Dieu seul, mais nous savons que « nous ne pouvons pas être unis à Dieu à moins de choisir librement de l'aimer. Mais nous ne pouvons pas aimer Dieu si nous péchons gravement contre Lui, contre notre prochain ou contre nous-mêmes. [...] Mourir en état de péché mortel sans s'en être

---

101. Canon 874 § 1 n 3.

102. Canon 1184 § 1.

repenti et sans accueillir l'amour miséricordieux de Dieu, signifie demeurer séparé de Lui pour toujours par notre propre choix
libre. Et c'est cet état d'auto-exclusion définitive de la communion avec Dieu et avec les bienheureux qu'on désigne par le mot
"enfer" »[103].

Des dispositions pastorales

Pour décourager le concubinage, il n'est pas permis à ceux
qui vivent cet état de prendre des responsabilités dans l'Église,
par exemple en étant responsables de mouvements ou de
CCB[104].

La loi de l'Église oblige les fidèles à se confesser au moins
une fois l'an[105]. De plus, même s'il est très éloigné d'une église,
« tout fidèle, après avoir été initié à la très sainte Eucharistie, est
tenu par l'obligation de recevoir la sainte communion au moins
une fois l'an. Ce précepte doit être rempli durant le temps pascal, à moins que pour une juste cause, il ne le soit à une autre
époque de l'année »[106]. C'est la communion pascale. Le chrétien
soucieux de vivre ses instructions doit éviter le concubinage, et
dans le cas où il s'y trouverait, il devrait quitter cet état le plus
rapidement possible soit en demandant le sacrement de mariage
ou en ne cohabitant plus avec son partenaire.

En définitive, à tout point de vue, le concubinage n'est pas
une situation à envisager pour soi-même ni à souhaiter même à
son ennemi, puisque Jésus commande l'amour des ennemis (cf.

---

103. *Catéchisme de l'Église Catholique*, n°1033.

104. CCB : Communauté Chrétienne de Base. Elle regroupe les chrétiens
catholiques d'un périmètre restreint d'une paroisse. Elle est un lieu de frater-
nité, de partage et d'approfondissement de la foi chrétienne.

105. Canon 989.

106. Canon 920.

Mt 5, 44). Dans la pratique, on restreint très souvent le concubinage aux cas de cohabitation sans mariage à l'église. Pourtant, le concubinage désigne une union stable entre un homme et une femme qui comprend des relations sexuelles sans qu'il n'y ait mariage à l'église. Une relation sexuelle régulière, établie sur une entente au moins tacite suffit pour parler de concubinage, qu'il y ait cohabitation ou pas.

Malgré cela, on peut constater autour de nous la facilité avec laquelle les jeunes se mettent en état de concubinage, situation qui s'oppose radicalement à l'Évangile. Certaines personnes restent dans cette situation pendant 5, 10, 20, 40 ans ou plus de vie commune ! Le plus souvent, c'est la femme qui insiste pour demander la régularisation, et l'homme refuse obstinément, lui causant beaucoup de souffrance. Et quand des couples ont des enfants, on se contente de les féliciter pour leur nouveau né et de leur apporter des cadeaux, sans aussitôt nuancer les propos en donnant de sages conseils.

Pourtant, « la compréhension face aux circonstances et le respect des personnes ne saurait constituer une justification. En de telles circonstances, il convient plutôt de souligner que la vérité est pour elles un bien essentiel et un facteur d'authentique liberté. L'affirmation de la vérité ne constitue pas une offense, mais est au contraire une forme de charité. Ne diminuer en rien la salutaire doctrine du Christ est une forme éminente de charité envers les âmes, à condition qu'elle soit accompagnée de la patience et de la bonté dont le Seigneur lui-même a donné l'exemple en traitant avec les hommes »[107].

« Mes frères, si quelqu'un parmi vous s'égare loin de la vérité et qu'un autre l'y ramène, qu'il le sache : celui qui ramène un pé-

---

107. Conseil pontifical pour la famille, *Famille, mariage et "unions de fait"*, n°49.

cheur de son égarement sauvera son âme de la mort et couvrira une multitude de péchés » (Jc 5, 19-20).

3.5. Le cas des veufs et des veuves

Dans la Bible, on parle très peu des veufs mais plus souvent des veuves, parce que dans l'Ancien Testament et au temps de Jésus, les hommes étaient souvent polygames et pouvaient se re-marier facilement. La condition sociale de la femme n'était pas très enviable chez les Juifs. Elle n'avait pas de propriété privée. Quand son mari décédait, elle était dépouillée de tout. De ce fait, la veuve et l'orphelin sont dans la Bible, le symbole même de l'extrême misère (cf. 1 R 17; Dt 24, 17-21 ; Tb 1, 8).

Les veuves faisaient l'objet d'une sollicitude particulière selon la Loi de Moïse : « Lorsque tu feras la moisson dans ton champ, si tu oublies une gerbe au champ, ne reviens pas la chercher. Elle sera pour l'étranger, l'orphelin et la veuve, afin que Yahvé ton Dieu te bénisse dans toutes tes œuvres » (Dt 24, 19). De même, les chrétiens doivent avoir grand souci d'eux : « La religion pure et sans tache devant Dieu notre Père consiste en ceci : visiter les orphelins et les veuves dans leurs épreuves, se garder de toute souillure du monde » (Jc 1, 27).

Malgré l'expérience douloureuse du veuvage, de la perte de celui ou de celle qu'on a tant aimé – même si dans certains cas, la mort du conjoint marque la fin de l'oppression et des humiliations subies de sa part –, des difficultés de tous ordres qui peuvent survenir dans cet état, les veufs et les veuves sont appelés à vivre dans la chasteté.

Le lien du sacrement de mariage unit les époux jusqu'à la mort de l'un deux. Les veufs et les veuves ont le droit de se re-marier à l'église s'ils le désirent. Voici le conseil de saint Paul : « La femme demeure liée à son mari aussi longtemps qu'il vit ;

mais si le mari meurt, elle est libre d'épouser qui elle veut, dans le Seigneur seulement. Elle sera pourtant plus heureuse, à mon sens, si elle reste comme elle est. Et je pense bien, moi aussi, avoir l'Esprit de Dieu » (1 Co 7, 39-40 ; voir aussi Rm 7, 2-3).

À moins de se remarier, le veuf ou la veuve qui s'engage dans des relations sexuelles commet le péché de fornication. Saint Paul, célibataire, invite chacun à discerner sa vocation, le don particulier de Dieu à vivre d'une certaine manière dans le monde pour témoigner du Christ : le célibat consacré, le mariage ou le veuvage librement vécu. Cependant, il invite les veufs et les veuves qui ne veulent pas vivre dans l'abstinence à se remarier : « Je voudrais que tous les hommes fussent comme moi ; mais chacun reçoit de Dieu son don particulier, celui-ci d'une manière, celui-là de l'autre. Je dis toutefois aux célibataires et aux veuves qu'il leur est bon de demeurer comme moi. Mais s'ils ne peuvent se contenir, qu'ils se marient : mieux vaut se marier que de brûler » (1 Co 7, 7-9).

Ayant donné cette consigne, saint Paul s'aperçoit très vite des difficultés des jeunes veuves qui s'étaient engagées à ne pas se remarier à vivre dans la chasteté, et pour cette raison, il les invite à se remarier. En donnant à Timothée des indications pratiques pour constituer le groupe des veuves dont sa communauté devrait prendre entièrement la charge, saint Paul lui impose d'exclure les jeunes veuves.

« La vraie veuve est celle qui reste absolument seule, s'en remet à Dieu et consacre ses jours et ses nuits à la prière et à l'oraison. Quant à celle qui ne pense qu'au plaisir, quoique vivante, elle est morte. Cela aussi tu le rappelleras, afin qu'elles soient irréprochables. Ne peut être inscrite au groupe des veuves qu'une femme d'au moins 60 ans, ayant été la femme d'un seul mari. Elle devra produire le témoignage de sa bonne conduite : avoir élevé des enfants, exercé l'hospitalité, lavé les pieds des saints, secouru les affligés, pratiqué toutes les formes de la bienfaisance. Les jeunes veuves, écarte-les. Dès que des désirs indignes du Christ les assaillent, elles veulent se remarier, méritant ainsi d'être condamnées pour avoir manqué à leur premier engagement[108]. Avec cela, n'ayant rien à faire, elles apprennent à courir les maisons ; si encore c'était pour ne rien faire, mais c'est pour bavarder, s'occuper de ce qui ne les regarde pas, parler à tort et à travers. Je veux donc que les jeunes veuves se remarient, qu'elles aient des enfants, gouvernent leur maison et ne donnent à l'adversaire aucune occasion d'insulte. Il en est déjà qui se sont fourvoyées à la suite de Satan » (1 Tm 5, 5-15).

On trouve dans l'Évangile l'exemple d'une veuve vertueuse lors de la présentation de Jésus au Temple : « Anne, fille de Phanouel, de la tribu d'Aser. Elle était fort avancée en âge. Après avoir, depuis sa virginité, vécu sept ans avec son mari, elle était restée veuve ; parvenue à l'âge de 84 ans, elle ne quittait pas le Temple, servant Dieu nuit et jour dans le jeûne et la prière » (Lc 2, 36-37).

La Très Sainte Vierge Marie est un modèle et le secours de toutes les veuves. Les évangélistes n'ont pas jugé utile de parler de la mort de saint Joseph parce qu'ils ont mis par écrits seulement certains faits sur Jésus utiles pour notre foi et pour notre

---

108. Tenir ses promesses envers Dieu est un point d'honneur pour les croyants : « Il est beau de te louer Dieu, dans Sion, de tenir ses promesses envers toi qui écoutes la prière » (Ps 64(65), 2). « Faites des vœux et tenez vos promesses au Seigneur votre Dieu » (Ps 75(76), 12). « Mon Dieu, je tiendrai ma promesse, je t'offrirai des sacrifices d'action de grâce » (Ps 55(56), 13). « Si tu fais un vœu à Yahvé ton Dieu, tu ne tarderas pas à l'acquitter : nul doute que Yahvé ton Dieu te le réclame, et tu te chargerais d'un péché. Mais si tu t'abstiens de vœu, tu ne te chargeras pas d'un péché. Ce qui sort de ta bouche, tiens-le, et exécute le vœu que tu as fait volontairement à Yahvé ton Dieu, de ta propre bouche » (Dt 23, 22-24).

salut[109]. Jésus n'aurait pas confié sa mère à l'Apôtre saint Jean si saint Joseph n'était pas déjà mort au moment de sa Passion, de sorte qu'elle ne vive pas seule : « Jésus donc voyant sa mère et, se tenant près d'elle, le disciple qu'il aimait, dit à sa mère : "Femme, voici ton fils". Puis il dit au disciple : "Voici ta mère". Dès cette heure-là, le disciple l'accueillit comme sienne » (Jn 19, 26-27).

Ce qui est dit plus haut des veuves concerne aussi les veufs. C'est à chacun de choisir librement en conscience de se remarier ou pas, en vivant dans tous les cas la chasteté correspondant à chaque situation. Avant de prendre cette décision, les personnes concernées devraient longuement réfléchir à l'avenir et au bien-être de leurs enfants déjà nés par amour pour eux. Ces derniers pourraient en effet subir la jalousie et même de mauvais traitements de la part de celui ou de celle qui remplacera le parent défunt une fois le nouveau mariage consommé.

3.6. Le célibat consacré

À côté du mariage, un autre état de vie est en l'honneur dans l'Église catholique. Il s'agit du célibat consacré.

3.6.1. Pourquoi les prêtres, les religieux et religieuses ne se marient pas ?

Parmi les douze Apôtres, certains étaient mariés. C'est le cas de Pierre dont Jésus guérit la belle-mère : « Jésus, sortant de la

---

109. « Jésus a fait sous les yeux de ses disciples encore beaucoup d'autres signes, qui ne sont pas écrits dans ce livre. Ceux-là ont été mis par écrit, pour que vous croyiez que Jésus est le Christ, le Fils de Dieu, et pour qu'en croyant vous ayez la vie en son nom » (Jn 20, 30-31) ; « Il y a encore bien d'autres choses qu'a faites Jésus. Si on les mettait par écrit une à une, je pense que le monde lui-même ne suffirait pas à contenir les livres qu'on en écrirait » (Jn 21, 25).

synagogue, il vint dans la maison de Simon et d'André, avec Jacques et Jean. Or la belle-mère de Simon était au lit avec la fièvre, et aussitôt ils lui parlent à son sujet. S'approchant, il la fit se lever en la prenant par la main. Et la fièvre la quitta, et elle les servait » (Mc 1, 29-31).

Dans les premiers temps de l'Église, les prêtres et les évêques étaient choisis parmi les maris vertueux : « Elle est sûre cette parole : celui qui aspire à la charge d'épiscope [d'évêque] désire une noble fonction. Aussi faut-il que l'épiscope soit irré-prochable, mari d'une seule femme, qu'il soit sobre, pondéré, courtois, hospitalier, apte à l'enseignement, ni buveur ni ba-tailleur, mais bienveillant, ennemi des chicanes, détaché de l'ar-gent, sachant bien gouverner sa propre maison et tenir ses en-fants dans la soumission d'une manière parfaitement digne. Car celui qui ne sait pas gouverner sa propre maison, comment pour-rait-il prendre soin de l'Église de Dieu ? » (1 Tm 3, 1-5). Ainsi donc, aucun polygame et/ou aucun divorcé ne pouvait devenir responsable d'église, Jésus s'étant déjà prononcé contre la poly-gamie et le divorce (cf. Mt 19, 1-9)

En méditant sur l'enseignement de Jésus sur le célibat, l'Église catholique latine a adopté le célibat pour tous ses prêtres, à l'image de Jésus, Grand Prêtre par excellence, qui ne s'est pas marié. Il est à noter que dans les Églises catholiques orientales (Asie), il y a des prêtres mariés. Ceux qui optent pour le mariage doivent se marier d'abord avant le diaconat. Mais s'il arrivait qu'ils deviennent veufs, ils ne peuvent plus se remarier. Là-bas, les évêques sont choisis parmi les prêtres célibataires.

Jésus, après avoir condamné les offenses au mariage chrétien (polygamie, divorce, cf. Mt 19, 1-9), parle à ses disciples du cé-libat pour le Royaume de Dieu : « Il y a, en effet, des eunuques [des gens qui ne se marient pas] qui sont nés ainsi du sein de leur mère, il y a des eunuques qui le sont devenus par l'action des hommes, et il y a des eunuques qui se sont eux-mêmes rendus tels à cause du Royaume des Cieux. Qui peut comprendre, qu'il comprenne ! » (Mt 19, 12). Et cela, les catholiques l'ont bien compris.

Plus tard, Jésus enseigne qu'au ciel, on ne se marie pas. Le célibat pour le Royaume est donc, dans la foi et la charité, une manière de vivre déjà sur terre ce que l'on vivra au ciel : « Ce jour-là, des Sadducéens, gens qui disent qu'il n'y a pas de résurrection, s'approchèrent de lui et l'interrogèrent en disant : "Maître, Moïse a dit : Si quelqu'un meurt sans avoir d'enfants, son frère épousera la femme, sa belle-sœur, et suscitera une postérité à son frère. Or il y avait chez nous sept frères. Le premier se maria, puis mourut sans postérité, laissant sa femme à son frère. Pareillement le deuxième, puis le troisième, jusqu'au septième. Finalement, après eux tous, la femme mourut. A la résurrection, duquel des sept sera-t-elle donc la femme ? Car tous l'auront eue." Jésus leur répondit : "Vous êtes dans l'erreur, en ne connaissant ni les Écritures ni la puissance de Dieu. A la résurrection, en effet, on ne prend ni femme ni mari, mais on est comme des anges dans le ciel » (Mt 22, 23-30).

Enfin, Saint Paul propose le célibat, état de vie qui permet de s'attacher plus facilement et avec un cœur sans partage à Dieu seul : « Je voudrais vous voir exempts de soucis. L'homme qui n'est pas marié a souci des affaires du Seigneur, des moyens de plaire au Seigneur. Celui qui s'est marié a souci des affaires du monde, des moyens de plaire à sa femme; et le voilà partagé. De même la femme sans mari, comme la jeune fille, a souci des affaires du Seigneur; elle cherche à être sainte de corps et d'esprit. Celle qui s'est mariée a souci des affaires du monde, des moyens de plaire à son mari. Je dis cela dans votre propre intérêt, non pour vous tendre un piège, mais pour vous porter à ce qui est digne et qui attache sans partage au Seigneur » (1 Co 7, 32-35).

En définitive, « La pratique de la continence parfaite et perpétuelle pour le Royaume des cieux a été recommandée par le Christ Seigneur (cf. Mt 19, 12) ; tout au long des siècles, et de nos jours encore, bien des fidèles l'ont acceptée joyeusement et pratiquée sans reproche. Pour la vie sacerdotale particulièrement, l'Église l'a tenue en haute estime. Elle est à la fois signe et stimulant de la charité pastorale, elle est une source particulière de fécondité spirituelle dans le monde. Certes, elle n'est pas exigée par la nature du sacerdoce, comme le montrent la pratique de l'Église primitive et la tradition des Églises orientales. Celles-ci ont des prêtres qui choisissent, par don de la grâce, de garder le célibat – ce que font les évêques –, mais on y trouve aussi des prêtres mariés dont le mérite est très grand. [...]

Mais le célibat a de multiples convenances avec le sacerdoce. La mission du prêtre est de se consacrer tout entier au service de l'humanité nouvelle que le Christ, vainqueur de la mort, fait naître par son Esprit dans le monde, et qui tire son origine, non pas "du sang, ni d'un pouvoir charnel, ni d'un vouloir d'homme, mais de Dieu" (Jn 1, 13). En gardant la virginité ou le célibat pour le Royaume des cieux, les prêtres se consacrent au Christ d'une manière nouvelle et privilégiée, il leur est plus facile de s'attacher à lui sans que leur cœur soit partagé, ils sont plus libres pour se consacrer, en lui et par lui, au service de Dieu et des hommes, plus disponibles pour servir son Royaume et l'œuvre de la régénération surnaturelle, plus capables d'accueillir largement la paternité dans le Christ »[110].

Les séminaristes « seront avertis des dangers que rencontre leur chasteté, particulièrement dans la société actuelle. Avec l'aide des secours humains et divins appropriés, ils apprendront à si bien "intégrer" leur renoncement au mariage que leur célibat

---

110. Concile Vatican II, *Décret sur le ministère et la vie des prêtres Presbyterorum ordinis*, n°16.

non seulement ne soit source d'aucun dommage pour leur vie et leur activité mais leur permette, au contraire, d'acquérir une meilleure maîtrise de l'âme et du corps ainsi qu'une maturité plus complète, et de recevoir plus parfaitement la joie de l'Évangile »[111].

3.6.2. *Les prêtres font-ils vœu de célibat ou vœu de chasteté ?*

Les prêtres s'engagent au moment de leur ordination à vivre dans le célibat, et cela librement, en toute connaissance de cause, après plusieurs années de grand séminaire. Ils ne prononcent pas à proprement parler de vœu de chasteté. Cette affirmation est malheureusement souvent utilisée à tort pour justifier l'inconduite d'un prêtre, ou bien pour légitimer le droit que s'arrogent certaines filles et dames de charmer un ministre sacré. « Ne vous y trompez pas ; on ne se moque pas de Dieu » (Ga 6, 7).

À la différence des religieux et des religieuses, le prêtre reçoit le sacrement de l'ordre qui le configure au Christ grand prêtre et lui permet d'agir *in personna Christi capitis*, c'est-à-dire en la personne du Christ, Tête de l'Église, à la place du Christ chaste et obéissant à Dieu son Père. Les religieux (encore appelés frères) et les religieuses (les sœurs) ne reçoivent pas ce sacrement, à l'exception de certains religieux qui deviennent prêtres après avoir suivi la formation requise. On devient religieux ou religieuse en prononçant des vœux, c'est-à-dire des promesses solennelles, pour vivre selon les règles d'un institut religieux (congrégation), en suivant les trois vœux dits « de religion », à savoir, les vœux de chasteté, de pauvreté et d'obéissance. En prononçant le vœu de chasteté, les religieux et reli-

---

111. Concile Vatican II, *Décret sur la formation des prêtres Optatam totius*, n°10.

gieuses s'engagent à témoigner davantage de cet aspect tout au long de leur vie.

Toutefois, tous les chrétiens sans exception sont appelés à vivre la chasteté[112], chacun selon son état de vie, ce qui implique entre autres la fidélité à sa femme ou à son mari pour les personnes mariées, et l'abstinence pour les célibataires, les veufs et les veuves. En effet, lorsque l'Écriture dit : « Fuyez la fornication ! » (1 Co 6, 18), ou encore : « Que le mariage soit honoré de tous et le lit nuptial sans souillure, car Dieu jugera fornicateurs et adultères » (He 13, 4), ou tout simplement : « conduisons-nous avec dignité : point de ripailles ni d'orgies, pas de luxure ni de débauche, pas de querelles ni de jalousies. Mais revêtez-vous du Seigneur Jésus Christ et ne vous souciez pas de la chair pour en satisfaire les convoitises » (Rm 13, 13-14), cela concerne tout le monde, à plus forte raison les prêtres, les religieux et les religieuses qui doivent vivre avec piété leur célibat qu'ils ont consacré à Dieu.

L'Église traduit la gravité des actes par une gradation de vocabulaire : le péché d'un célibataire, d'un veuf ou d'une veuve sera appelé « fornication », celui d'une personne mariée « adultère », et celui d'une personne consacrée (prêtre, religieux, religieuse) « sacrilège », c'est-à-dire profanation de leur corps qui est sacré.

Il ne nous appartient pas de juger ou de condamner ceux qui tombent dans un péché, quel qu'il soit. Toutefois, tout le monde doit être averti de ces paroles du Seigneur : « si quelqu'un doit scandaliser l'un de ces petits qui croient en moi, il serait préférable pour lui de se voir suspendre autour du cou une de ces meules que tournent les ânes et d'être englouti en pleine mer. Malheur au monde à cause des scandales ! Il est fatal, certes,

---

112. Pour plus de précisions sur la notion de chasteté, se référer au chapitre 1.

qu'il arrive des scandales, mais malheur à l'homme par qui le scandale arrive ! » (Mt 18, 6-7).

Les « petits qui croient en lui » représentent aussi bien les personnes consacrées que les autres fidèles. Le mot grec *scandalos* désigne une pierre contre laquelle on trébuche et tombe. Quand Jésus parle donc de scandale, il s'agit de toute action mauvaise en soi ou en apparence qui peut conduire son prochain à pécher, même si le péché n'a pas effectivement lieu, par exemple parce qu'il a pu résister[113]. Dans la législation de l'Église, le prêtre qui, dans l'acte ou à l'occasion ou sous le prétexte de la confession, sollicite des faveurs sexuelles encourt de lourdes sanctions, y compris celle d'être relevé de ses fonctions[114]. De plus, sauf en cas de danger de mort immédiat, si un prêtre a commis un péché sexuel avec une personne donnée, il ne peut pas donner l'absolution à cette personne pour ce péché[115].

Avec le Pape Paul VI, « nous ne voulons pas manquer de remercier le Seigneur avec une joie profonde, en signalant qu'un bon nombre de ceux qui furent malheureusement infidèles pour un temps à leurs engagements, ont pu, en recourant avec une émouvante bonne volonté à tous les moyens adaptés et principalement à une vie de prière intense, d'humilité, d'efforts persévé-

---

113. Pour plus de précisions sur le scandale, voir page 99.

114. Canon 1387 : « Le prêtre qui, dans l'acte ou à l'occasion ou sous le prétexte de la confession, sollicite le pénitent au péché contre le sixième commandement du Décalogue sera puni, selon la gravité du délit, de suspense, d'interdictions, de privations, et dans les cas les plus graves, sera renvoyé de l'état clérical ».

115. Canon 977 : « En dehors du cas de danger de mort, l'absolution du complice d'un péché contre le sixième commandement du Décalogue est invalide ». Canon 1378 § 1 : « Le prêtre qui agit à l'encontre des dispositions du canon 977 encourt l'excommunication *latae sententiae* réservée au Siège Apostolique ».

rants soutenus par l'assiduité au sacrement de pénitence, retrouver par la grâce du Souverain Prêtre, la voie juste, et redevenir, pour la joie de tous, ses ministres exemplaires »[116].

Saint Alphonse Marie de Liguori exhortait ses confrères en ces termes: « Redoublons d'attention, ô prêtres, mes frères ! Et tremblons que toutes nos grandeurs, que tous les honneurs auxquels Dieu nous a élevés entre tous les hommes, n'aillent un jour aboutir à notre damnation éternelle. Saint Bernard dit que l'ardeur avec laquelle les démons travaillent à notre ruine doit redoubler notre zèle pour le salut de notre âme. Oh ! comme ils épient toutes les occasions de perdre un prêtre, ces ennemis de notre bonheur ! Ils ambitionnent avec plus d'ardeur la chute d'un prêtre que celle de cent séculiers [laïcs], soit parce qu'une victoire remportée sur un prêtre est pour eux un triomphe mille fois plus glorieux, soit parce qu'un prêtre qui tombe en entraîne bien d'autres avec lui dans l'abîme »[117].

« Sainte Thérèse de l'Enfant Jésus [quant à elle], consciente du besoin extrême de prière pour tous les prêtres surtout pour ceux qui sont tièdes, écrit dans une lettre adressée à sa sœur Céline: "Vivons pour les âmes, soyons des apôtres, sauvons surtout les âmes des prêtres. Prions, souffrons pour eux et, le dernier jour, Jésus sera reconnaissant" »[118].

---

116. Paul VI, *Lettre encyclique Sacerdotalis caelibatus sur le célibat sacerdotal*, n°90.

117. Saint Alphonse Marie de Liguori, *Selva, ou recueil de matériaux de discours et d'instructions pour les retraites ecclésiastiques*.

118. Congrégation pour le clergé, *Lettre à l'occasion de la journée mondiale de prière pour la sanctification des prêtres*, 30 mai 2008.

Chapitre 4. Des chemins pour vivre dans la chasteté

Si l'on ne prend garde, la beauté de la sexualité, source d'épanouissement de l'homme et de la femme, peut être facilement salie par tant d'incitations à rechercher le plaisir pour le plaisir, sans tenir compte des autres dimensions de la sexualité humaine.

Les propagandistes qui exaltent la liberté sexuelle sous toutes ses formes, « ce sont des fontaines sans eau et des nuages poussés par un tourbillon ; l'obscurité des ténèbres leur est réservée. Avec des discours gonflés de vide, ils allèchent, par les désirs charnels, par les débauches, ceux qui venaient à peine de fuir les gens qui passent leur vie dans l'égarement. Ils leur promettent la liberté, mais ils sont eux-mêmes esclaves de la corruption, car on est esclave de ce qui vous domine » (2 P 2, 17-19).

Pourtant, il est possible d'aller son chemin en évitant toutes ces souillures, non sans la grâce de Dieu. « Te connaître, en effet [Seigneur], est la justice intégrale, et savoir quel est ton pouvoir est la racine de l'immortalité. Non, les inventions humaines d'un art pervers ne nous ont pas égarés, ni le travail stérile des peintres, ces figures barbouillées de couleurs disparates, dont la vue éveille la passion chez les insensés et leur fait désirer la forme inanimée d'une image morte. Amants du mal et dignes de tels espoirs, et ceux qui les font, et ceux qui les désirent, et ceux qui les adorent ! » (Sg 15, 3-6)

4.1. Se convaincre que la chasteté est possible

En rappel, la chasteté est fonction de son état de vie. Elle comporte l'abstinence sexuelle pour les célibataires, veufs, veuves et personnes consacrées. Pour les personnes mariées, la chasteté se manifeste surtout par la fidélité conjugale. Mais la chasteté est plus vaste que cela. Elle est une vertu, toute une mentalité qu'il faut cultiver toute sa vie. Elle exige de faire des efforts, surtout au moment des tentations. La chasteté est donc un combat. Comme pour tout combat, on est déjà vaincu si on s'y lance sans motivation, sans conviction, ou tout en se disant qu'on ne peut pas gagner au combat tout simplement parce qu'on est rivé sur ses propres limites ou sur les échecs des autres. Le Seigneur n'a-t-il pas dit : « ma grâce te suffit » ? (2 Co 12, 9)

L'habitude crée une seconde nature dit-on. Pour avoir « vieilli dans le mal » (cf. Dn 13, 52), certaines personnes devenues esclaves de sexe, par peur de perdre ce qui fait en quelque sorte leur identité, ou suite à une résolution non tenue d'arrêter leur inconduite, sont parvenues à la conclusion qu'elles ne peuvent plus changer de vie. Cette résignation est le frein majeur à lutte pour sortir de la boue de l'impureté.

Cela, même de grands saints l'ont expérimenté et ont dû se résoudre à faire des efforts tout en comptant sur Dieu. Saint Augustin confesse : « Et le temps passait ; et je tardais à me convertir à vous, Seigneur mon Dieu. Je croyais que je serais trop malheureux d'être à jamais privé des embrassements d'une femme ; et le remède de votre miséricorde, efficace contre cette infirmité, ne venait pas à ma pensée, faute d'en avoir fait l'épreuve ; car j'attribuais la continence aux propres forces de l'homme, et cependant je sentais ma faiblesse. J'ignorais, insensé, qu'il est écrit : "Nul n'est chaste, si vous ne lui en donnez la force" (Sg 8, 21). Et vous me l'eussiez donnée, si le gémissement intérieur de mon âme eût frappé à votre oreille ; si ma foi vive eût jeté dans votre sein tous mes soucis »[119].

Il est courant aussi que des personnes nient avoir un problème avec le sexe lorsque le sujet est évoqué. Cela est particulièrement vrai chez ceux et celles qui ne peuvent plus compter le nombre de leurs partenaires sexuels, chez les accros de la pornographie, de la masturbation, de la prostitution, de l'homosexualité, etc. Leur réaction est à peu près comme ceci :

- le déni : « je n'ai pas de problème », « ça ne me dérange pas », « je suis bien comme je suis », …

- la minimisation : « ce n'est pas pire que de boire ou de manger », « tout le monde fait comme ça », « d'ailleurs je ne fais pas beaucoup, je me maîtrise quand même », … ;

- se déclarer victime, donc non responsable : « ce n'est pas ma faute », « c'est lui/elle qui a commencé », « mes parents ne me donnent pas l'exemple », « je galérais, je voulais moi aussi une moto, payer mes études, telle ou telle chose, donc il fallait que je le fasse », « on m'a partagé des photos pornographiques sur Facebook, j'ai cliqué et puis voilà », … ;

- les excuses : « ça me détend », « ça me plaît », « ça me permet de passer le temps », … ;

- la rationalisation : « ça ne me coûte pas cher », « il n'y a pas de mal à se faire plaisir », « c'est bon pour la santé », « chacun est libre non ? », « d'ailleurs, je ne suis pas un

---

119. Saint Augustin, *Confessions*, livre VI, 11, 20.

saint », « j'ai des envies et c'est naturel », « avec l'ha-billement des filles d'aujourd'hui, on n'a pas beaucoup de choix », ... ;

- l'attaque : « ça ne vous regarde pas », « préoccupez-vous d'aider les malades dans les hôpitaux plutôt que de lutter contre l'homosexualité », ...

Lorsqu'un malade refuse son état de malade, quand il n'est pas disposé à guérir ou à suivre un traitement, que peut faire un médecin ?

L'expérience quotidienne montre que la conversion est toujours possible. Peu de gens en témoignent publiquement à cause du caractère honteux de ce passé et de l'incidence néfaste que ces révélations peuvent avoir chez leur femme, mari, enfants qui en général vivent heureux dans l'ignorance des faits.

Pour réussir le combat de la pureté, il est important d'avoir un regard positif sur la sexualité, de rechercher les bonnes informations sur ce sujet. Il est important de réfléchir à partir de la Bible, mais aussi à partir des expériences humaines, sans se laisser dominer par les mauvaises incitations de notre époque. On arrivera très certainement à la conclusion qu'il vaut mieux faire ce que le Seigneur nous demande pour ne pas être déçu comme les autres qui en font à leur tête.

« Ne vous modelez pas sur le monde présent, mais que le renouvellement de votre jugement vous transforme et vous fasse discerner quelle est la volonté de Dieu, ce qui est bon, ce qui lui plaît, ce qui est parfait » (Rm 12, 2).

4.2. Ne pas tenter le diable

« Si ton œil droit est pour toi une occasion de péché, arrache-le et jette-le loin de toi : car mieux vaut pour toi que périsse un seul de tes membres et que tout ton corps ne soit pas jeté dans la géhenne. Et si ta main droite est pour toi une occasion de péché, coupe-la et jette-la loin de toi : car mieux vaut pour toi que périsse un seul de tes membres et que tout ton corps ne s'en aille pas dans la géhenne » (Mt 5, 29-30).

Dieu ne souhaite pas que nous nous mutilions, mais que voyant la gravité et les conséquences du péché, nous mettions tout en œuvre pour ne pas succomber à la tentation en nous débarrassant de tout ce qui peut nous entraîner au mal. Cela passe aussi par un effort de ne pas nous exposer volontairement et inutilement à la tentation, car « l'esprit est ardent, mais la chair est faible » (Mt 26, 41).

Devant une tenue provocante, une affiche malsaine, un clip vidéo osé, une scène inappropriée à la télévision, ayons le courage de détourner le regard ou de changer de chaîne de télévision. A vouloir défier la tentation pour tester ses résistances, on sera surpris de tomber dans quelque luxure. C'est le cas de David qui a persévéré dans l'admiration de la femme d'Urie qui se baignait (cf. 2 S 11, 2ss), ce qui l'a conduit à l'adultère puis au meurtre du mari de cette dernière.

Il convient également de veiller à ce que l'on regarde, à ce que l'on écoute, à ce que l'on discute, à l'objet de nos pensées et de nos curiosités, aux endroits que l'on fréquente. Car, tout ceci pousse à défier la tentation et finalement à tomber dans le péché et même à s'y complaire. « Ainsi donc, que celui qui se flatte d'être debout prenne garde de tomber » (1 Co 10, 12).

4.3. Rompre avec certaines attaches

« Ne vous y trompez pas : les mauvaises compagnies corrompent les bonnes mœurs » (1 Co 15, 33). Lorsqu'on se rend compte qu'objectivement, la compagnie de certaines personnes ne nous aide pas à vivre dans la droiture, il faut avoir le courage de s'éloigner de ces personnes, tout en priant pour leur conversion. Cela peut être difficile si on les a fréquentées depuis longtemps, on n'a pas d'autres amis, si on a peur de se sentir seul(e). Mais, ce détachement est nécessaire, et tôt ou tard, on retrouvera son équilibre et la joie de vivre une nouvelle vie.

Le cas, malheureusement fréquent de certaines jeunes filles soucieuses de vivre selon l'Évangile, mais qui se voient imposer des relations sexuelles par leur petit ami ou leur fiancé comme condition pour la poursuite de la relation amoureuse est à relever. D'une part, elles comprennent l'importance de l'abstinence avant le mariage et la désirent de tout leur cœur. D'autre part, la peur de rester célibataire et de ne pas pouvoir trouver un autre copain quand on a un certain âge, mêlés à d'autres considérations les maintiennent souvent dans cet esclavage sexuel où elles se donnent malgré elles. Cependant, il n'est pas difficile de constater qu'elles perdent à ce jeu puisque la relation sexuelle n'est pas la garantie que ce copain restera avec elle, ou la mariera, comme le démontre de très nombreux exemples. Bien souvent, ces garçons qui font ce chantage n'entretiennent la relation que pour satisfaire leur passion, et quand ils en ont assez, il passent à une autre. Puisqu'ils veulent seulement leur plaisir, un plaisir qui ne les engage pas, ils sont prompts à ne pas reconnaître une grossesse ou à abandonner celles qu'ils ont rendues enceintes sans aucun soutien et sans demander des nouvelles de leur enfant. C'est ce qui explique la prolifération des mères célibataires (filles mères) dans nos cités.

On est souvent surpris quand on pense que ces choses n'arrivent qu'aux autres et que l'on peut prendre le risque. Or, on ne regrette jamais de faire la volonté de Dieu qui est capable, si telle est sa volonté, de nous appeler au mariage quand il veut, même à un âge avancé. Comme dit l'Écriture, il vaut mieux plaire à Dieu que de plaire à des hommes (cf. Ga 1, 10 ; 1 Th 2, 4).

Bref, pour vivre dans le bonheur de la chasteté, il est nécessaire d'être vrai avec soi-même et trouver si possible d'autres amis ou d'autres groupes où l'on peut être porté à la vertu. Il faut être courageux pour couper avec les personnes qui nous enlisent dans le péché. Il faudra désormais avancer tout droit, le regard fixé sur le Christ, sans s'attarder sur les mauvais exemples qui ne manqueront jamais, sans regarder en arrière, car « quiconque a mis la main à la charrue et regarde en arrière est impropre au Royaume de Dieu » (Lc 9, 62). Voici ce que raconte saint Augustin à partir de son expérience personnelle :

« Et ces bagatelles de bagatelles, ces vanités de vanités, mes anciennes maîtresses, me tiraient par ma robe de chair, et me disaient tout bas : Est-ce que tu nous renvoies ? Quoi ! Dès ce moment, nous ne serons plus avec toi, pour jamais ? Et, dès ce moment, ceci, cela, ne te sera plus permis, et pour jamais ? Et tout ce qu'elles me suggéraient dans ce que j'appelle ceci, cela, ce qu'elles me suggéraient, ô mon Dieu ! Que votre miséricorde l'efface de l'âme de votre serviteur ! Quelles souillures ! Quelles infamies ! Et elles ne m'abordaient plus de front, querelleuses et hardies, mais par de timides chuchotements murmurés à mon épaule, par de furtives attaques ; elles sollicitaient un regard de mon dédain. Elles me retardaient toutefois dans mon hésitation à les repousser, à me débarrasser d'elles pour me rendre où j'étais appelé. Car la violence de l'habitude me disait : Pourras-tu vivre sans elles ? »[120]

---

120. Saint Augustin, *Confessions*, Livre VIII, Chapitre XI, 26.

4.4. Compter avec la grâce de Dieu

« De peur que mes erreurs ne se multiplient et que mes péchés ne surabondent, que je ne tombe aux mains de mes adversaires et que mon ennemi ne se moque de moi. Seigneur, Père et Dieu de ma vie, fais que mes regards ne soient pas altiers, détourne de moi l'envie, que la sensualité et la luxure ne s'emparent pas de moi, ne me livre pas au désir impudent » (Si 23, 3-6).

Il serait illusoire de vouloir vivre une si grande vertu sans le concours de celui qui la demande. Voici les paroles du Christ : « De même que le sarment ne peut de lui-même porter du fruit s'il ne demeure pas sur la vigne, ainsi vous non plus, si vous ne demeurez pas en moi. Je suis la vigne ; vous, les sarments. Celui qui demeure en moi, et moi en lui, celui-là porte beaucoup de fruit ; car hors de moi vous ne pouvez rien faire » (Jn 15, 4-5).

Lorsqu'on met sa confiance en Dieu, tout devient possible. Toutefois, on se trompe gravement en pensant qu'avec la prière, il n'y aura plus de tentations ou de sollicitations malsaines de la part de son copain, de sa copine, de ses maîtresses, amants, etc., car à tout moment, « le Diable, comme un lion rugissant, rôde, cherchant qui dévorer » (1 P 5, 8).

Nous avons une responsabilité qu'il faut assumer, l'obligation de dire NON, le devoir de ne pas céder à la tentation qui peut toujours advenir tant que nous vivons. Car, avec la force que Dieu nous donne, nous pouvons résister et ne pas pécher. Aucune tentation ne sera plus forte que nous, car, comme le dit l'Apôtre Paul, « aucune tentation ne vous est survenue, qui passât la mesure humaine. Dieu est fidèle; il ne permettra pas que vous soyez tentés au-delà de vos forces ; mais avec la tentation, il vous donnera le moyen d'en sortir et la force de la supporter » (1 Co 10, 13).

Il n'est pas nécessairement besoin de prières exceptionnelles. Les prières usuelles sont d'un grand secours. Dans le « Notre Père », nous disons « Et ne nous laisse pas entrer dans la tentation, mais délivre-nous du mal ». C'est assez expressif. Il s'agit de demander le secours divin pour résister à la tentation et pour éviter tout mal, y compris le péché. Dans le « Je vous salue Marie », nous demandons l'intercession de Marie pour « nous, pauvres pécheurs ». Ce n'est évidemment pas pour rester dans le péché, mais pour le quitter, pour ne pas le commettre. On peut prier aussi son ange gardien, saint Michel Archange, saint Joseph le très chaste époux de la Vierge, ou d'autres saints. Pour ceux qui ont plus de difficultés, le jeûne peut être une arme utile, car, en nous imposant des privations, nous acquérons une plus grande maîtrise de notre corps et de nos envies.

C'est avec la Parole de Dieu que Jésus a répliqué aux tentations du diable après son jeûne de 40 jours. Connaître la Parole de Dieu est cruciale : « Oui, tous ceux qui veulent vivre dans le Christ avec piété seront persécutés. Quant aux pécheurs et aux charlatans, ils feront toujours plus de progrès dans le mal, à la fois trompeurs et trompés. Pour toi, tiens-toi à ce que tu as appris et dont tu as acquis la certitude. Tu sais de quels maîtres tu le tiens ; et c'est depuis ton plus jeune âge que tu connais les saintes Lettres. Elles sont à même de te procurer la sagesse qui conduit au salut par la foi dans le Christ Jésus. Toute Écriture est inspirée de Dieu et utile pour enseigner, réfuter, redresser, former à la justice : ainsi l'homme de Dieu se trouve-t-il accompli, équipé pour toute œuvre bonne » (2 Tm 3, 12-17).

En particulier, on peut mémoriser certains versets bibliques que l'on peut répéter dans sa tête au moment de la tentation. Par exemple :

- « Tu ne commettras pas d'adultère » (Ex 20, 14 ; Dt 5, 17) ;

- « Fuyez la fornication ! » (1 Co 6, 18) ;

- « Et j'irais prendre les membres du Christ pour en faire des membres de prostituée ? Jamais de la vie ! » (1 Co 6, 15) ;

- « Que le mariage soit honoré de tous et le lit nuptial sans souillure. Car Dieu jugera fornicateurs et adultères » (He 13, 4) ;

- « Quant à la fornication, à l'impureté sous toutes ses formes, ou encore à la cupidité, que leurs noms ne soient même pas prononcés parmi vous » (Ep 5, 3).

Nous ne sommes pas les premiers à expérimenter l'assistance de Dieu. Il peut être utile de connaître la vie de saints qui ont lutté comme nous contre la concupiscence de la chair ou des témoignages de nos contemporains qui mènent une vie vertueuse, souvent après un passé sombre. Saint Augustin fait partie de ceux-là. Il a vécu en libertin pendant 16 années. Voici ce qu'il affirme au sujet de la grâce de Dieu :

« Quel mortel, méditant sur son infirmité, oserait attribuer à ses propres forces sa chasteté et son innocence, et se croirait en droit de vous moins aimer, comme s'il eût eu moins besoin de ce miséricordieux pardon que vous accordez au repentir des pécheurs ? Que l'homme qui, docile à l'appel de votre voix, a évité tous ces désordres dont je publie le souvenir et l'aveu, se garde de rire s'il me voit guéri par le même médecin à qui il doit de n'avoir pas été, ou plutôt d'avoir été moins malade ; qu'il vous en aime autant, qu'il vous en aime davantage, reconnaissant que celui qui me délivre est le même qui l'a préservé des mortelles défaillances du péché »[121].

---

121. Saint Augustin, *Confessions*, Chapitre VII, 15.

Compter avec la grâce de Dieu signifie aussi lui demander pardon après une chute, car il est miséricordieux. « À celui qui peut vous garder de la chute et vous présenter devant sa gloire, sans reproche, dans l'allégresse, à l'unique Dieu, notre Sauveur par Jésus Christ notre Seigneur, gloire, majesté, force et puissance avant tout temps, maintenant et dans tous les temps ! Amen » (Jude 24-25).

4.5. Se relever de ses chutes

Lorsque l'on prend conscience que l'on a vécu en contradiction avec la volonté de Dieu, il faut simplement lui demander pardon et s'engager à vivre désormais dans la droiture. C'est le cas par exemple de ceux qui découvrent que tel ou tel comportement est un péché alors qu'ils ne le savaient pas. Par le sacrement de la réconciliation (la confession), Dieu efface nos péchés et nous lance sur le chemin de la sainteté. « Si nous confessons nos péchés, lui, fidèle et juste, pardonnera nos péchés et nous purifiera de toute iniquité » (1 Jn 1, 9).

Il arrive que des hommes et des femmes transgressent la loi de Dieu en toute connaissance de cause. Lorsqu'on a péché, on est honteux, et la tendance est de s'éloigner de Dieu (cf. Gn 3, 8). Cette attitude de prise de conscience de son indignité envers Dieu ne doit pas conduire à minimiser le péché, à le banaliser, à se justifier, car bien souvent, on ne regrette pas toujours immédiatement les péchés contre la chasteté qui procurent un certain plaisir, poussant à recommencer. Dieu n'est évidemment pas content du péché. Toutefois, il est toute miséricorde. Jésus dit expressément qu'il est venu appeler non pas les justes mais les pécheurs (cf. Mt 9, 13), pas pour qu'ils restent pécheurs, mais qu'ils se convertissent et vivent avec lui. Il est important de ne pas refuser la miséricorde de Dieu mais d'aller demander humblement pardon dans le sacrement de la réconciliation où Jésus pardonne comme il a pardonné à la femme adultère que la foule voulait lapider en ajoutant aussitôt : « Va, désormais ne pèche plus » (Jn 8, 11).

Ceux qui ont persévéré dans de mauvaises habitudes et sont devenus addicts peuvent avoir plus de mal à se défaire de leur penchant. Ils mènent un véritable combat et il arrive qu'ils chutent de nouveau. Toutefois, après une chute, il faut se relever : c'est ce que l'on constate dans la vie courante. De même, lorsqu'on n'a pas pu tenir à ses résolutions, il ne faut pas se décourager et s'avouer vaincu, comme le font malheureusement certaines personnes qui refusent de se confesser parce qu'elles retombent chaque fois dans le même péché grave.

Il faut savoir tirer leçon de sa chute pour ne plus chuter : pourquoi ma résolution n'a pas marché ? Me suis-je exposé inutilement à la tentation, à la pornographie, à des images érotiques ? Ai-je accepté un rendez-vous ou une sortie avec une autre personne alors que suis déjà marié ? Ai-je négligé de me retenir ou de refuser certains comportements inconvenants avec mon copain ou ma copine ? Un événement de la vie m'a-t-il conduit au stress, au découragement, à me sentir vide ? Bref. Prendre le temps de recenser les causes de sa chute permet de prendre de meilleures résolutions et d'être plus fort dans l'avenir. Il est parfois utile de demander des conseils à des personnes respectables.

Au sujet du sacrement de la pénitence, il est à rappeler qu'il peut être sollicité auprès de n'importe quel prêtre de l'Église catholique. Lorsqu'on cite ses péchés, on devra éviter les expressions vagues (e.g. : j'ai commis l'impureté). Être explicite sur ce que l'on a fait libère la conscience et permet au prêtre de donner une exhortation plus précise et plus profitable. Il ne convient pas de se décider à commettre un péché en se disant qu'on va le confesser de toute façon. C'est une offense grave à la miséricorde de Dieu que l'on espère obtenir sans regret, sans conversion, sans effort de se conformer à la volonté de Dieu.

« Là où le péché s'est multiplié, la grâce a surabondé. Que dire alors ? Qu'il nous faut rester dans le péché, pour que la grâce se multiplie ? Certes non ! Que le péché ne règne donc plus dans votre corps mortel de manière à vous plier à ses convoitises. Ne faites plus de vos membres des armes d'injustice au service du péché ; mais offrez-vous à Dieu comme des vivants revenus de la mort et faites de vos membres des armes de justice au service de Dieu » (Rm 5, 20 ; 6, 1.13).

4.6. Guérir de ses blessures

Le domaine des blessures intérieures est très délicat. Force est de constater que ces blessures peuvent conduire à se réfugier dans la masturbation, la pornographie, ou dans quelque laisser aller dans le domaine de la luxure. Ce sont par exemple :

- une déception amoureuse ;

- l'infidélité de sa femme ou de son mari ;

- les mésententes ou le divorce des parents ;

- les mauvais traitements de la part des parents ;

- des attouchements sexuels subis à l'enfance ;

- le viol, une agression sexuelle subie ;

- l'inceste ;

- les séquelles de l'avortement ;

- des situations inconfortables : célibat prolongé, chômage, stress, mauvais comportements des parents, du conjoint, etc. ;

- les échecs dans différents domaines (scolaire, etc.) ;

- le deuil ;

- etc.

Bien que ces situations soient très douloureuses, le recours à la luxure, loin de résoudre le problème, blesse davantage la personne. La solution est ailleurs. Il s'agit de trouver le chemin pour guérir de ses blessures, en comptant avec la grâce de Dieu. Et il ne sied pas de demander une grâce au Seigneur tout en commettant un péché qui l'offense beaucoup « car le Seigneur a les yeux sur les justes et tend l'oreille à leur prière, mais le Seigneur tourne sa face contre ceux qui font le mal » (1 P 3, 12 ; cf. Is 1, 15-16). Il convient donc de ne pas se voiler la face, d'accepter qu'on a été blessé, trahi, humilié, déçu. Ainsi, on peut accueillir les sentiments qui naissent au souvenir de la blessure et en pleurer si nécessaire. Enfin, il faut avoir l'humilité d'amorcer une démarche de pardon sans lequel il est impossible de guérir.

Pardonner ne signifie pas oublier. Pardonner ne signifie pas qu'on ne ressent plus de douleur. C'est dans un premier temps accepter sa colère, son envie de se venger, et décider de ne pas le faire. Mais ce n'est pas suffisant. Il faut demander au Seigneur la force de pardonner. Pouvoir parler de sa blessure à quelqu'un de confiance peut être d'un grand secours.

« Vous donc, les élus de Dieu, ses saints et ses bien-aimés, revêtez des sentiments de tendre compassion, de bienveillance, d'humilité, de douceur, de patience ; supportez-vous les uns les autres et pardonnez-vous mutuellement, si l'un a contre l'autre quelque sujet de plainte ; le Seigneur vous a pardonné, faites de même à votre tour » (Col 3, 12-13).

4.7. Désirer ardemment la vie éternelle

Parmi les béatitudes prononcées par Jésus sur la montagne il y a celle liée à la pureté : « Heureux les cœurs purs, car ils verront Dieu » (Mt 5, 8). Qu'est-ce que cela signifie-t-il d'autre que ceux qui n'ont pas le cœur pur ne verront pas Dieu ?

Les péchés contre la chasteté et la dignité du mariage sont directement contre le sixième et le neuvième commandements : « tu ne commettras pas d'adultère » (Ex 20, 14 ; Dt 5, 17) ; « tu ne convoiteras pas la femme de ton prochain » (Ex 20, 17). Certains sont contre même le cinquième commandement : « tu ne tueras point » (Ex 20, 13). La matière de ces péchés est donc grave.

Voici ce que dit le *Catéchisme de l'Église Catholique* à propos de ces péchés afin « que personne en cette matière ne supplante ou ne dupe son frère » et « que chacun sache user du corps qui lui appartient avec sainteté et respect » (1 Th 4, 4.6) :

- « l'acte sexuel doit prendre place exclusivement dans le mariage ; en dehors de celui-ci, il constitue toujours un péché grave et exclut de la communion sacramentelle » (n°2390) ;

- « la masturbation est un acte intrinsèquement et gravement désordonné » (n° 2352) ;

- la fornication est « gravement contraire à la dignité des personnes et de la sexualité humaine ». Elle est un « scandale grave quand il y a corruption des jeunes » (n° 2353). « Il y a des comportements concrets – comme la fornication – qu'il est toujours erroné de choisir, parce que leur choix comporte un désordre de la volonté, c'est-à-dire un mal moral » (n° 1755) ;

- la pornographie « porte gravement atteinte à la dignité de ceux qui s'y livrent … Elle est une faute grave » (n° 2354) ;

- « il est toujours gravement peccamineux[122] de se livrer à la prostitution » (n° 2355) ;

- le viol « est toujours un acte intrinsèquement mauvais » (n° 2356) ;

- « s'appuyant sur la Sainte Écriture, qui les présente comme des dépravations graves, la Tradition a toujours déclaré que les actes d'homosexualité sont intrinsèquement désordonnés » (n° 2357) ;

- l'adultère : « les prophètes en dénoncent la gravité » (n° 2380) ;

- « le divorce est une offense grave à la loi naturelle » (n° 2384) ;

- « la polygamie ne s'accorde pas à la loi morale. Elle s'oppose radicalement à la communion conjugale » (n°2387) ;

- le concubinage est « contraire à la loi morale » et « constitue toujours un péché grave » (n° 2390) ;

- « depuis le premier siècle, l'Église a affirmé la malice morale de tout avortement provoqué. Cet enseignement n'a pas changé. Il demeure invariable. L'avortement direct, c'est-à-dire voulu comme une fin ou comme un moyen, est gravement contraire à la loi morale » (n° 2271). « La coopération formelle à un avortement consti-

---

122. Le mot *peccamineux* vient du mot latin *peccatum* qui signifie péché. Le chant « Agneau de Dieu qui enlève le *péché* du monde, prends pitié de nous » se chante en latin « Agnus Dei qui tollis *peccata* mundi, miserere nobis ».

tue une faute grave. L'Église sanctionne d'une peine canonique d'excommunication ce délit contre la vie humaine » (n° 2272) ;

- l'insémination et la fécondation artificielles hétérologues sont « gravement déshonnêtes » (n° 2376) ;

- l'insémination et la fécondation artificielles homologues « restent moralement irrecevables » (n° 2377) ;

- la contraception artificielle « est intrinsèquement mauvaise » (n°2370) .

« En montrant l'existence d'actes intrinsèquement mauvais, l'Église reprend la doctrine de l'Écriture Sainte. L'Apôtre Paul l'affirme catégoriquement : "Ne vous y trompez pas! Ni impudiques, ni idolâtres, ni adultères, ni dépravés, ni gens de mœurs infâmes, ni voleurs, ni cupides, pas plus qu'ivrognes, insulteurs ou rapaces, n'hériteront du Royaume de Dieu" (1 Co 6, 9-10).

Si les actes sont intrinsèquement mauvais, une intention bonne ou des circonstances particulières peuvent en atténuer la malice, mais ne peuvent pas la supprimer. Ce sont des actes "irrémédiablement" mauvais ; par eux-mêmes et en eux-mêmes, ils ne peuvent être ordonnés à Dieu et au bien de la personne : "Quant aux actes qui sont par eux-mêmes des péchés – écrit saint Augustin –, comme le vol, la fornication, les blasphèmes, ou d'autres actes semblables, qui oserait affirmer que, accomplis pour de bonnes raisons, ils ne seraient pas des péchés ou, conclusion encore plus absurde, qu'ils seraient des péchés justifiés ?". De ce fait, les circonstances ou les intentions ne pourront jamais transformer un acte intrinsèquement malhonnête de par son objet en un acte "subjectivement" honnête ou défendable comme choix »[123].

____

123. Jean-Paul II, *Lettre encyclique Veritatis splendor sur quelques questions fondamentales de l'enseignement moral de l'Église*, n°81.

En rappel, « le péché est un acte personnel. De plus, nous avons une responsabilité dans les péchés commis par d'autres, quand nous y coopérons :

- en y participant directement et volontairement ;

- en les commandant, les conseillant, les louant ou les approuvant ;

- en ne les révélant pas ou en ne les empêchant pas, quand on y est tenu ;

- en protégeant ceux qui font le mal »[124].

Que l'on se rappelle que « le Seigneur nous adresse une invitation pressante à le recevoir dans le sacrement de l'Eucharistie : "En vérité, en vérité, je vous le dis, si vous ne mangez la Chair du Fils de l'homme et ne buvez son Sang, vous n'aurez pas la vie en vous" (Jn 6, 53). Pour répondre à cette invitation, nous devons nous préparer à ce moment si grand et si saint. Saint Paul exhorte à un examen de conscience : "Quiconque mange ce pain ou boit cette coupe du Seigneur indignement aura à répondre du Corps et du Sang du Seigneur. Que chacun donc s'éprouve soi-même et qu'il mange alors de ce pain et boive de cette coupe ; car celui qui mange et boit, mange et boit sa propre condamnation, s'il n'y discerne le Corps" (1 Co 11, 27-29). Celui qui est conscient d'un péché grave doit recevoir le sacrement de la Réconciliation avant d'accéder à la communion »[125]. Ainsi donc, au regard de leur gravité, on ne peut pas communier après avoir commis les péchés de luxure si l'on ne s'est pas confessé.

Il n'est pas inutile de rappeler qu'un seul péché grave peut conduire à l'enfer. Voici ce que dit le *Catéchisme de l'Église Catholique* sur les critères d'admission dans le feu éternel, qui

---

124. *Catéchisme de l'Église Catholique*, n°1868.

125. *Catéchisme de l'Église Catholique*, n°1384-1385.

laissent penser que de nos jours, les péchés liés au sexe sont ceux qui conduisent le plus de personnes à la damnation éternelle :

« Nous ne pouvons pas être unis à Dieu à moins de choisir librement de l'aimer. Mais nous ne pouvons pas aimer Dieu si nous péchons gravement contre Lui, contre notre prochain ou contre nous-mêmes : "Celui qui n'aime pas demeure dans la mort. Quiconque hait son frère est un homicide ; or vous savez qu'aucun homicide n'a la vie éternelle demeurant en lui" (1 Jn 3, 15). Notre Seigneur nous avertit que nous serons séparés de Lui si nous omettons de rencontrer les besoins graves des pauvres et des petits qui sont ses frères (cf. Mt 25, 31-46). Mourir en péché mortel sans s'en être repenti et sans accueillir l'amour miséricordieux de Dieu, signifie demeurer séparé de Lui pour toujours par notre propre choix libre. Et c'est cet état d'auto-exclusion définitive de la communion avec Dieu et avec les bienheureux qu'on désigne par le mot "enfer".

Les affirmations de la Sainte Écriture et les enseignements de l'Église au sujet de l'enfer sont un appel à la responsabilité avec laquelle l'homme doit user de sa liberté en vue de son destin éternel. Elles constituent en même temps un appel pressant à la conversion : "Entrez par la porte étroite. Car large et spacieux est le chemin qui mène à la perdition, et il en est beaucoup qui le prennent ; mais étroite est la porte et resserré le chemin qui mène à la Vie, et il en est peu qui le trouvent" (Mt 7, 13-14).

Dieu ne prédestine personne à aller en enfer ; il faut pour cela une aversion volontaire de Dieu (un péché mortel), et y persister jusqu'à la fin. Dans la liturgie eucharistique et dans les prières quotidiennes de ses fidèles, l'Église implore la miséricorde de Dieu, qui veut "que personne ne périsse, mais que tous arrivent au repentir" (2 P 3, 9) »[126].

---

126. *Catéchisme de l'Église Catholique*, n°1033-1037.

C'est pourquoi, relevant la prolifération et l'exaltation des péchés liés au sexe et au bien de la famille, le Pape Pie XI s'indigne en ces termes : « Plus attristant encore est l'état de tant de fidèles que le baptême a lavés dans le sang de l'Agneau immaculé et comblés de grâces ; à tous les rangs de la société il s'en trouve qui, aveuglés par une ignorance incroyable des choses divines, empoisonnés d'erreurs, se traînent dans le vice, loin de la maison du Père ; nul rayon de lumière de la vraie foi ne les éclaire, nulle espérance de la félicité future ne les réjouit, nulle ardeur de la charité ne les anime et ne les réchauffe ; ils semblent vraiment être plongés dans les ténèbres et assis à l'ombre de la mort … Voici ce Cœur [Sacré de Jésus] qui a tant aimé les hommes, qui les a comblés de tous les bienfaits, mais qui, en échange de son amour infini, non seulement ne reçoit pas de reconnaissance, mais ne recueille que l'oubli, la négligence et des injures, et cela parfois de la part de ceux-là même qui sont tenus de lui témoigner un amour spécial ! »[127]

Fort heureusement, la miséricorde de Dieu permet à ceux qui regrettent leurs fautes et s'engagent à lutter contre le péché de rétablir l'amitié avec lui. Dieu pardonne les péchés graves ordinairement par le sacrement de baptême pour les non baptisés, et le sacrement de la réconciliation (confession) pour les baptisés. Les péchés graves ne sont pas remis lorsqu'on demande directement pardon à Dieu. C'est pour cette raison que le Christ, après sa résurrection a soufflé sur ses disciples en disant : « Recevez l'Esprit Saint. Ceux à qui vous remettrez les péchés, ils leur seront remis ; ceux à qui vous les retiendrez, ils leur seront retenus » (Jn 20, 22-23). Il avait enseigné auparavant qu'« il y a plus de joie dans le ciel – précise Jésus – pour un seul pécheur qui se

---

127. Pie XI, *Lettre encyclique Miserentissimus Redemptor sur notre devoir de réparation envers le Sacré-Cœur de Jésus*, n°II E 2 et D 2.

repent que pour 99 justes, qui n'ont pas besoin de repentir » (Lc 15, 7).

4.8. L'éducation sexuelle en famille

« Oui à l'éducation sexuelle ! » C'est la conviction du Pape François qui parle de cet aspect important de la responsabilité des époux et des parents. Il ne s'agit pas de n'importe quelle éducation sexuelle ! Écoutons-le :

« La famille est la première école des valeurs, où on apprend l'utilisation correcte de la liberté. Il y a des tendances développées dans l'enfance, qui imprègnent l'intimité d'une personne et demeurent toute la vie comme une émotivité favorable à une valeur ou comme un rejet spontané de certains comportements. Beaucoup de personnes agissent toute la vie d'une manière donnée parce qu'elles considèrent comme valable cette façon d'agir qui a pris racine en elles depuis l'enfance, comme par osmose. "On m'a éduqué ainsi" ; "c'est ce qu'on m'a inculqué". Dans le milieu familial, on peut aussi apprendre à discerner de manière critique les messages véhiculés par les divers moyens de communication sociale. Malheureusement, bien des fois, certains programmes de télévision ou certaines formes de publicité ont un impact négatif et affaiblissent les valeurs reçues dans la vie familiale.

En ce temps, où règnent l'anxiété et la vitesse technologique, une tâche très importante des familles est d'éduquer à la patience. Il ne s'agit pas d'interdire aux jeunes de jouer avec les dispositifs électroniques, mais de trouver la manière de créer en eux la capacité de distinguer les diverses logiques et de ne pas appliquer la vitesse digitale à tous les domaines de la vie. Reporter n'est pas nier le désir mais retarder sa satisfaction.

Lorsque les enfants ou les adolescents ne sont pas éduqués à accepter que certaines choses doivent attendre, ils deviennent des gens impatients, qui soumettent tout à la satisfaction de leurs besoins immédiats et grandissent avec le vice du "je veux et j'ai". C'est une grave erreur qui ne favorise pas la liberté, mais l'affecte. En revanche, quand on éduque à apprendre à reporter certaines choses et à attendre le moment convenable, on enseigne ce qu'est être maître de soi-même, autonome face à ses propres impulsions. Ainsi, lorsqu'un enfant expérimente qu'il peut se prendre lui-même en charge, l'estime qu'il a de lui-même s'affermit. En même temps, cela lui apprend à respecter la liberté des autres. Évidemment, ceci n'implique pas d'exiger des enfants qu'ils agissent comme des adultes, mais il ne faut pas non plus mépriser leur capacité à grandir dans la maturation d'une liberté responsable. Dans une famille saine, cet apprentissage s'effectue de manière ordinaire à travers les exigences de la cohabitation.

Le Concile Vatican II envisageait la nécessité "d'une éducation sexuelle à la fois positive et prudente au fur et à mesure [que les enfants et les adolescents] grandissent" et "en tenant compte du progrès des sciences psychologique, pédagogique et didactique". Nous devrions nous demander si nos institutions éducatives ont pris en compte ce défi. Il est difficile de penser l'éducation sexuelle, à une époque où la sexualité tend à se banaliser et à s'appauvrir. Elle ne peut être comprise que dans le cadre d'une éducation à l'amour, au don de soi réciproque. De cette manière, le langage de la sexualité ne se trouve pas tristement appauvri, mais éclairé. L'impulsion sexuelle peut être éduquée dans un cheminement de connaissance de soi et dans le développement d'une capacité de domination de soi, qui peuvent aider à mettre en lumière les capacités admirables de joie et de rencontre amoureuse.

L'éducation sexuelle offre des informations ; mais il ne faut pas oublier que les enfants et les jeunes n'ont pas atteint une maturité pleine. L'information doit arriver au moment approprié et d'une manière adaptée à l'étape qu'ils vivent. Il ne sert à rien de les saturer de données sans le développement d'un sens critique face à l'invasion de propositions, face à la pornographie incontrôlée et à la surcharge d'excitations qui peuvent mutiler la sexualité. Les jeunes doivent pouvoir se rendre compte qu'ils sont bombardés de messages qui ne visent pas leur bien et leur maturation. Il faut les aider à reconnaître et à rechercher les influences positives, en même temps qu'ils prennent de la distance par rapport à tout ce qui déforme leur capacité d'aimer. De même, nous devons admettre que le "besoin d'un langage nouveau et plus approprié se fait surtout sentir au moment d'introduire le thème de la sexualité pour les enfants et les adolescents".

Une éducation sexuelle qui préserve une saine pudeur a une énorme valeur, même si aujourd'hui certains considèrent qu'elle est une question d'un autre âge. C'est une défense naturelle de la personne, qui protège son intériorité et évite qu'elle devienne un pur objet. Sans la pudeur, nous pouvons réduire l'affection et la sexualité à des obsessions qui nous focalisent uniquement sur la génitalité, sur des morbidités déformant notre capacité d'aimer et sur diverses formes de violence sexuelle qui nous conduisent à nous laisser traiter de manière inhumaine et à nuire aux autres.

Fréquemment, l'éducation sexuelle se focalise sur l'invitation à "se protéger", en cherchant du "sexe sûr". Ces expressions traduisent une attitude négative quant à la finalité procréatrice naturelle de la sexualité, comme si un éventuel enfant était un ennemi dont il faut se protéger. Ainsi, l'on promeut l'agressivité narcissique au lieu de l'accueil. Toute invitation faite aux adolescents pour qu'ils jouent avec leurs corps et leurs sentiments, comme s'ils avaient la maturité, les valeurs, l'engagement mutuel et les objectifs propres au mariage, est irresponsable. De cette manière, on les encourage allègrement à utiliser une autre personne comme objet pour chercher des compensations à des carences ou à de grandes limites. Il est important de leur enseigner plutôt un cheminement quant aux diverses expressions de l'amour, à l'attention réciproque, à la tendresse respectueuse, à la communication riche de sens. En effet, tout cela prépare au don de soi total et généreux qui s'exprimera, après un engagement public, dans le don réciproque des corps. L'union sexuelle dans le mariage se présentera ainsi comme signe d'un engagement plénier, enrichi par tout le cheminement antérieur.

Il ne faut pas tromper les jeunes en les conduisant à confondre les niveaux : l'attraction crée, pour un moment, l'illusion de l'"union", mais sans amour, une telle union laisse les inconnus aussi séparés qu'auparavant. Le langage du corps exige l'apprentissage patient qui permet d'interpréter et d'éduquer ses propres désirs pour se donner réellement. Lorsqu'on veut tout donner d'un coup, il est probable qu'on ne donne rien. Une chose est de comprendre les fragilités de l'âge ou ses confusions, et une autre d'encourager les adolescents à prolonger l'immaturité de leur façon d'aimer. Mais, qui parle aujourd'hui de ces choses ? Qui est capable de prendre les jeunes au sérieux ? Qui les aide à se préparer sérieusement à un amour grand et généreux ? On prend trop à la légère l'éducation sexuelle.

L'éducation sexuelle devrait inclure également le respect et la valorisation de la différence, qui montre à chacun la possibilité de surmonter l'enfermement dans ses propres limites pour s'ouvrir à l'acceptation de l'autre. Au-delà des difficultés compréhensibles que chacun peut connaître, il faut aider à accepter son propre corps tel qu'il a été créé, car "une logique de domination sur son propre corps devient une logique, parfois subtile, de domination sur la création [...]. La valorisation de son propre corps dans sa féminité ou dans sa masculinité est aussi nécessaire pour pouvoir se reconnaître soi-même dans la rencontre avec celui qui est différent. De cette manière, il est possible d'accepter joyeusement le don spécifique de l'autre, homme ou femme, œuvre du Dieu créateur, et de s'enrichir réciproquement". Ce n'est qu'en se débarrassant de la peur de la différence qu'on peut finir par se libérer de l'immanence de son propre être et de la fascination de soi-même. L'éducation sexuelle doit aider à accepter son propre corps, en sorte que la personne ne prétende pas "effacer la différence sexuelle parce qu'elle ne sait plus s'y confronter".

On ne peut pas non plus ignorer que dans la configuration de sa propre manière d'être, féminine ou masculine, ne se rejoignent pas seulement des facteurs biologiques ou génétiques, mais de multiples éléments qui ont à voir avec le tempérament, l'histoire familiale, la culture, les expériences vécues, la formation reçue, les influences des amis, des proches et des personnes admirées, ainsi que d'autres circonstances concrètes qui exigent un effort d'adaptation. Certes, nous ne pouvons pas séparer le masculin du féminin dans l'œuvre créée par Dieu, qui précède toutes nos décisions et nos expériences, où il y a des éléments biologiques évidents. Mais il est aussi vrai que le masculin et le féminin ne sont pas quelque chose de rigide. Par conséquent, il est possible, par exemple, que la manière d'être homme du mari puissent s'adapter de manière flexible à la situation de l'épouse en ce qui concerne le travail. S'occuper de certains travaux de maison ou de certains aspects des soins aux enfants ne le rend pas moins masculin ni ne signifie un échec, une capitulation ni une honte. Il faut aider les enfants à considérer comme normaux ces sains "échanges", qui n'enlèvent aucune dignité à la figure paternelle. La rigidité devient une exagération du masculin ou du féminin, et n'éduque pas les enfants et les jeunes à une réciprocité concrète dans les conditions réelles du mariage. Cette rigidité, en retour, peut empêcher le développement des capacités de chacun, au point d'amener à considérer comme peu masculin de se dédier à l'art ou à la danse et peu féminin de s'adonner à une activité de conduite de voitures. Grâce à Dieu, cela a changé, mais à certains endroits, des conceptions inadéquates continuent de conditionner la liberté légitime et de mutiler le développement authentique de l'identité concrète des enfants ou de leurs potentialités »[128].

____

128. François, *Exhortation apostolique post-synodale Amoris laetitia sur l'amour dans la famille*, n°274-286.

Conclusion

Le corps et la sexualité occupent une place importante dans la vie de chaque individu. Toutefois, sur ce sujet, notre monde véhicule des manières de penser et de vivre qui prétendent contribuer à l'épanouissement des hommes et femmes de notre temps, mais qui en réalité les déçoivent et les dégoûte après coup.

Pour les jeunes, « il est nécessaire de se préparer pour le mariage, et cela requiert de s'éduquer soi-même, de développer les meilleures vertus, en particulier l'amour, la patience, la capacité de dialogue et de service. Cela implique aussi d'éduquer sa propre sexualité, pour qu'elle soit de moins en moins un moyen de se servir des autres et de plus en plus une capacité à se livrer pleinement à une personne, de manière exclusive et généreuse »[129].

C'est pourquoi, il nous a paru important de décrire d'abord la sexualité selon le plan de Dieu. C'est lui qui l'a créée pour le bien de l'homme, appelé à vivre dans la chasteté selon son état de vie. Ensuite, nous avons passé en revue plusieurs comportements et attitudes largement adoptés, et même encouragés, mais qui en réalité blessent l'affectivité, rendent esclaves et entraînent des remords.

---

129. François, *Exhortation apostolique post-synodale Christus vivit*, n°265.

La banalisation de la sexualité a pour conséquence la ruine du mariage qui ne présente plus beaucoup d'intérêt pour les jeunes qui choisissent malheureusement volontiers le concubinage avec ou sans cohabitation. Nous avons tenu à parler de ce phénomène ainsi que des autres offenses à la dignité du mariage et aux autres états de vie. Notre entreprise serait inachevée si elle n'incluait pas des pistes pour vivre dans la rectitude dans un contexte où les sollicitations et les incitations à la vie facile sont nombreuses et dominantes.

Notre désir a été de donner des informations fondées sur l'expérience humaine et la Parole de Dieu, afin de favoriser la persévérance chez les uns et la conversion chez les autres. Car, « je crains qu'à ma prochaine visite mon Dieu ne m'humilie à votre sujet, et que je n'aie à mener le deuil sur plusieurs de ceux qui ont péché précédemment et ne se sont pas repentis pour leurs actes d'impureté, de fornication et de débauche » (2 Co 12, 21). En effet, « quel fruit recueilliez-vous alors d'actions dont aujourd'hui vous rougissez ? Car leur aboutissement, c'est la mort. Mais aujourd'hui, libérés du péché et asservis à Dieu, vous fructifiez pour la sainteté, et l'aboutissement, c'est la vie éternelle. Car le salaire du péché, c'est la mort ; mais le don gratuit de Dieu, c'est la vie éternelle dans le Christ Jésus notre Seigneur » (Rm 6, 21-23).

L'amour de Dieu et du prochain doit nous engager individuellement et collectivement à être des ambassadeurs de la chasteté et de la sainteté qui contribuent au bonheur, ici bas et dans le monde à venir. C'est le cri de cœur de saint Antoine Marie Claret[130] par lequel nous terminons cet ouvrage :

---

130. Saint Antoine Marie Claret (1807 – 1870) est un prêtre espagnol qui s'est beaucoup dévoué pour la vie spirituelle de ses contemporains. Il a été archevêque de l'île de Cuba puis de Tolède et fondateur de congrégations religieuses.

*

* *

« J'ai un cœur si tendre et si compatissant que je ne peux voir un malheur, sans le secourir. Je m'enlèverai le pain de la bouche pour le donner à un pauvre ; et même j'irai jusqu'à m'abstenir de le manger pour pouvoir le donner quand on viendra me le demander. J'ai du scrupule à dépenser pour moi quand je pense qu'il y a tant de besoins à soulager. Or, si ces misères corporelles et passagères m'affectent à ce point, on comprendra l'effet produit dans mon cœur par la pensée des peines éternelles de l'enfer, pas pour moi, mais pour ceux qui vivent volontairement en état de péché.

Je me dis souvent à moi-même : il est de foi qu'il y a un ciel pour les bons et un enfer pour les méchants ; il est de foi qu'il suffit d'un seul péché mortel pour qu'une âme soit condamnée à cause de la malice infinie du péché mortel qui est une offense à un Dieu infini. Ces principes absolument sûrs étant posés, lorsque je vois la facilité avec laquelle on commet le péché – comme si on buvait un verre d'eau, comme pour s'amuser ou se divertir, quand je vois la multitude de ceux qui vivent continuellement en état de péché et qui ainsi marchent vers la mort et l'enfer, je ne puis me reposer ; il faut que je coure, il faut que je crie. Et je me dis :

Si je voyais quelqu'un sur le point de tomber dans un puits ou dans un brasier, je me mettrais certainement à courir et à crier pour l'empêcher d'y tomber ; alors, pourquoi n'en ferais-je pas autant pour empêcher qu'on ne tombe dans le brasier de l'enfer?

Et je ne comprends pas comment les autres prêtres, qui croient les mêmes vérités que moi, et tout le monde doit les croire, comment ils ne prêchent pas et n'exhortent pas les gens pour les préserver de tomber dans l'enfer.

Je vous dirai très franchement qu'en voyant les pécheurs, je n'ai ni paix ni repos. Mon esprit et mon cœur sont constamment après eux. Comprenez ce que je dis par cette comparaison : "si une mère tendre et aimante voyait que son fils chéri va tomber d'une fenêtre très haute ou qu'il va tomber dans le feu, ne se mettrait-elle pas à courir vers lui en criant désespérément: "Attention, mon fils ! Tu vas tomber !" et s'il était à portée de sa main, ne le tirerait-elle pas en arrière ? Sachez, mes frères, que la grâce est encore plus forte et courageuse que la nature. La mère court, crie, tire son fils pour l'empêcher de tomber dans le précipice. C'est exactement ce que la grâce fait en moi.

Et même je suis étonné de voir comment les laïcs, les hommes et les femmes qui ont la foi, ne se mettent pas à crier. Je me dis encore : supposons qu'en ce moment un criminel mette le feu à une maison. Supposons encore que c'est la nuit et que toutes les personnes qui logent dans cette maison sont plongées dans un profond sommeil et qu'elles ne peuvent se douter du danger effroyable qui pèse sur elles. Est-ce que le passant qui apercevrait les flammes, ne devrait-il pas courir à travers les rues en criant "Au feu ! Le feu est dans telle maison" ? Alors, ne devrait-on pas crier "Au feu de l'enfer !" pour réveiller tant de gens enfoncés dans le sommeil du péché et exposés à se réveiller dans les flammes éternelles ?

Je ne puis m'empêcher de trembler quand je vois la façon dont vivent les gens. Beaucoup sont habituellement en péché mortel et augmentent chaque jour le nombre de leurs péchés. Ils commettent l'iniquité comme on boit l'eau ; ils pèchent, semble-t-il, comme par jeu et par passe-temps ! Aveugles qu'ils sont ! Ils marchent d'un pas tranquille vers les abîmes éternels ! "Ils y vont comme des aveugles parce qu'ils ont péché contre le Seigneur" (So 1, 17).

Non seulement le péché est cause de la damnation de mon prochain, mais il est surtout une injure à Dieu qui est mon Père. Ah ! Cette pensée me brise le cœur et me fait courir ... Je me dis que si un péché revêt une malice infinie, en faire éviter un seul, c'est épargner une injure infinie à mon Dieu, à mon Père.

Si un fils avait un père très bon et s'il voyait qu'on le maltraite sans raison, ne le défendrait-il pas ? Et s'il voyait que ce bon père, innocent, est amené au supplice, ne ferait-il pas tous les efforts possibles pour le délivrer ? Alors que dois-je faire, moi, pour l'honneur de mon Père qui est ainsi offensé et, bien qu'innocent, conduit au Calvaire pour être de nouveau crucifié par le péché, comme le dit saint Paul ? Ne serait-ce pas un crime que de me taire ? N'en serait-ce pas un crime de ne pas faire tous les efforts possibles ? Ah mon Dieu ! Ô mon Père ! Accordez-moi de m'opposer à tous les péchés, au moins à un seul, même si, pour cela, je devais me laisser réduire en morceaux »[131].

---

131. Saint Antoine-Marie Claret, *Autobiographie*, n°10-17.206.211.

Table des matières

www.ingramcontent.com/pod-product-compliance
Lightning Source LLC
LaVergne TN
LVHW050601200726

843508LV00010B/1723